Barbara und Hans Otzen

Die Ahr
Weinlandschaft zwischen Eifel und Rhein

ISBN 3-416-03038-9

© Bouvier Verlag Bonn 2004
© General-Anzeiger Bonn 2004

Alle Rechte vorbehalten.
Ohne ausdrückliche Genehmigung des Verlages ist es
nicht gestattet, das Buch, oder Teile daraus zu vervielfälti-
gen oder auf Datenträgern aufzunehmen.

Konzeption und Realisation:
Hans-Dieter Weber und Kirsten van den Bogaard,
General-Anzeiger Bonn

Layout, Satz und Lithografie:
COLLIBRI Prepress GmbH, Königswinter

Druck und Einband:
GRASPO CZ, Zlín, Czech Republic

Titelfoto:
Britt Söntgerath

Gedruckt auf säurefreiem Papier

Alle Angaben in diesem Buch
wurden mit größter Sorgfalt zusammengestellt.
Eine Gewähr kann dennoch weder von
den Autoren noch vom Verlag
übernommen werden.

Die Ahr
Weinlandschaft zwischen Eifel und Rhein

Text: Barbara und Hans Otzen

Fotos: von Leserinnen und Lesern
des General-Anzeigers

General-Anzeiger

BOUVIER

GENERAL-ANZEIGER · BONN   BOUVIER-VERLAG

INHALT

VORWORT	6
DIE AHR - **LANDSCHAFT ZWISCHEN EIFEL, WEIN UND RHEIN**	8
DIE GESCHICHTE DER AHR	32
DER AHRWEIN	46
GESCHICHTE DES WEINBAUS AN DER AHR	48
DIE REBSORTEN DER AHR	66
FREIZEIT AN DER AHR - **RADELN, WANDERN, WELLNESS UND FITNESS**	72
AM OBERLAUF DER AHR	86
BLANKENHEIM	88
AHRHÜTTE	94
REETZ, FREILINGEN, LOMMERSDORF, LAMPERTSTAL UND UMGEBUNG	94
AHRDORF	102
MÜSCH	104
ANTWEILER	106
SCHULD	110
INSUL	114
DÜMPELFELD	116
HÖNNINGEN	118
AHRBRÜCK	121

Die Weinorte an der Ahr   122
Pützfeld   124
Kreuzberg   126
Altenahr   130
Mayschoss   140
Rech   146
Dernau   150
Marienthal   158
Walporzheim   164
Ahrweiler   169
Bachem   180
Bad Neuenahr   182
Heppingen, Lohrsdorf, Heimersheim,
Green und Ehlingen   191

Im Mündungsbereich der Ahr   198
Bad Bodendorf   200
Sinzig   204

Bildnachweis   210

VORWORT

Das Ahrtal gehört zu den meist besuchten Landschaften der Eifel. Brauchte man in der Pferdedroschkenzeit noch einen ganzen Tag, um von Bonn nach Ahrweiler zu gelangen, so benötigt man heute Dank der günstigen Verkehrsverbindungen nur noch eine Stunde hierfür. Und dann ist man inmitten der Weinlandschaft, die sich hier öffnet. Rotweine von der Ahr zählen zu den begehrten Tropfen, die in letzter Zeit einen enormen Qualitätssprung vollzogen haben. Für diese Rotwein-Revolution haben eine ganze Reihe von Winzern gesorgt, allen voran Werner Näkel vom Weingut Meyer-Näkel in Dernau, der zu einem "Winzer des Jahres", und Jean Stodden aus Rech, der zu einem "Aufsteiger des Jahres" gekürt wurde.

Literatur- und Internet-Tipp:

Gottfried Kinkel: "Die Ahr. Landschaft, Geschichte und Volksleben. Zugleich ein Führer für Ahrreisende", 2. Auflage, T. Habicht Verlag, Bonn 1849, neu aufgelegt und überarbeitet :"Die Ahr", 2. Auflage, Bachem Verlag, Köln 1999
Internet-Information über das Ahrtal: www.ahrwein.de; www.eifelführer.de; www.meinestadt.de; www.ahr-rhein-eifel.de; www.burgenwelt.de; www.ahrtal.de; www.kreis-ahrweiler.de; www. blankenheim.de, www. adenau.de, www. hotel-avenida.de
General-Anzeiger: Ausführliche Hinweise auf über sechzig Sehenswürdigkeiten im Kreis Ahrweiler findet man auch im Online-Angebot des General-Anzeigers: www. general-anzeiger-bonn.de unter der Rubrik „Freizeit"

Doch die Ahr bietet viel mehr als nur Wein. Sie bietet eine vielseitig strukturierte Landschaft, die durch Abwechslungsreichtum auf kleinem Raum gekennzeichnet ist. Es ist gleichzeitig eine Landschaft mit großartiger Vergangenheit, von der noch viel Sehenswertes zeugt. Und gleichzeitig bietet die Ahr zum Wein auch Gaumenfreuden von höchster Vollendung!

Dem Bonner Theologen und Kunsthistoriker Johann Gottfried Kinkel, ganz geprägt von der zu Beginn des 19. Jahrhunderts aufkommenden Romantik, verdanken wir die ersten tiefen Einblicke in das Ahrtal. In den 40-er Jahren des 19. Jahrhunderts durchwanderte er die Vulkaneifel, teilweise mit seinem Freund Jakob Burckhardt, und folgte der Ahr aufwärts bis zu ihrer Quelle in Blankenheim. Er erschloss seiner Nachwelt die von diesem Fluss geprägte zauberhafte Landschaft, die – noch vor dem Eisenbahnbau – in einsamer Abgeschiedenheit verharrte, und deren Bevölkerung in tiefer Armut ihrem Tagewerk nachging. Im Jahre 1845 erschien Kinkels Werk "Die Ahr. Landschaft, Geschichte und Volksleben. Zugleich ein Führer für Ahrreisende" im Habicht-Verlag in Bonn. Dieses Buch hat bis heute nichts von seiner Aussagekraft eingebüßt und vermittelt uns gleichzeitig einen tiefen Einblick in das damalige Leben der Menschen an der Ahr. Wir wollen Kinkels Wegen folgen.

Barbara und Hans Otzen

Vorwort

Die Ahr
Weinlandschaft zwischen Eifel und Rhein

Vielfältig bietet sich die Landschaft der Eifel dar. Das Tal der Ahr gehört zweifelsohne zu ihren reizvollsten Erscheinungsbildern, das auch historisch und kulturell viel zu bieten hat. Der Flussname Ahr stammt übrigens vom keltischen Wort „ar" ab und bedeutet soviel wie Quelle, Wasser, Bach oder Fluss.

Die Ahr entspringt inmitten der Kalkeifel in Blankenheim. Als 89 Kilometer langer linker Nebenfluss des Rheins entwässert sie ein über 400 Quadratkilometer großes Gebiet der Osteifel. Von Blankenheim wendet sie sich südostwärts bis Ahrdorf, wo sie mit einer großen Schleife unterhalb des Ortes Dorsel einen nordöstlichen Verlauf einnimmt. Hier tritt der Fluss in die so genannte Ahreifel ein, die sich nördlich aus dem Ahrgebirge mit dem Münstereifeler, dem Flamersheimer und dann dem Rheinbacher Wald als Eifelnordabdachung zur Niederrheinischen Bucht hin zusammensetzt und südlich in die Hoch- und Vulkaneifel übergeht. Bei Altenahr geht der Fluss in das reizvolle Engtal der Wein-Ahr über. Unterhalb von Walporzheim öffnet sich diese Talenge zu den Rheinterrassen hin. Von hier ist es nicht mehr weit bis zur Mündung der Ahr in den Mittelrhein bei Sinzig.

Klimatisch liegt das Ahrgebiet im atlantischen Einflussbereich. Doch liegt die ostwärts ausgerichtete Ahrtal-Mulde bereits im Windschatten der westlichen Wetterströmungen, die ihre Hauptniederschlagsmengen im Hohen Venn und in der Schnee-Eifel (auch „Schneifel" genannt) abregnen. So liegt die durchschnittlich gemessene Regenmenge im oberen Bereich des Ahrtals bei etwa 600 Millimetern, in den höchsten Lagen bei 750 Millimetern pro Jahr, wobei

Die Ahr – Weinlandschaft zwischen Eifel und Rhein

die Sommermonate ausgeprägter beregnet werden als die anderen Monate des Jahres. Die geographische Lage im Wind- und Regenschatten begünstigt das Ahrgebiet auch hinsichtlich der gemessenen Temperaturen. Sind die Temperaturen auf den Hochflächen eher mäßig (Januar durchschnittlich -0,5°C; Juli 15°C), so variieren sie dagegen im Ahrtal sehr. Vor allem die Sommermonate sind von einer sehr starken Erwärmung des engen Ahrtals begünstigt, wodurch sich das Ahrtal lokalklimatisch sehr differenziert darstellt. Verbunden mit den teils geringen Niederschlägen und den südexponierten Talhängen kommt es im Engtal somit zur Ausbildung eines ausgesprochenen kontinentalen Klimas, das vor allem den Weinbau in diesem Raum begünstigt.

Die klimatischen Bedingungen wie auch das Geländeprofil des Einzugbereichs der Ahr bedingen, dass der größte Teil ihrer Wasserführung bereits aus ihrem Oberlauf stammt. Hier nimmt die Ahr auch ihre wichtigsten Zuflüsse auf, so den Ahbach,

Exkurs:
Der Geologische Lehr- und Wanderpfad von Blankenheim

Im Jahre 1986 begann das Geologische Institut der RWTH Aachen mit den Vorbereitungen für einen Eifel-Geopfad, der interessierten Besuchern die geologischen Besonderheiten der Eifel veranschaulichen soll. Im Wesentlichen werden dabei die unter- und mitteldevonischen Sedimente der Blankenheimer, der Rohrer, der Dollendorfer und der Ahrdorfer Kalkmulde vorgestellt.
Der Verkehrsverein Oberahr hat eine Broschüre über den Geologischen Lehr- und Wanderpfad von Blankenheim herausgegeben.
Information: Bürger- und Verkehrsbüro Blankenheim

Die Ahr – Weinlandschaft zwischen Eifel und Rhein

der bei Ahrdorf mündet, den bei Müsch mündenden Trierbach und den Adenauer Bach. Weitere Zuflüsse stellen der Dreisbach, der Armuths-Bach, der Liers-Bach, der Kesselinger Bach, der Sahrbach sowie der Vischelbach dar, die der Ahr bereits bei Kreuzberg 85 Prozent ihrer Wassermenge geben, wo sie erst knapp über die Hälfte ihres Weges zurück gelegt hat. Die Zuflüsse im Engtal und im Unterlauf sind – jeder für sich gesehen – dagegen relativ bedeutungslos.

Die geologischen Ursprünge der Eifel gehen auf die Variskische Gebirgsfaltung im Erdaltertum zurück, die das Rheinische Schiefergebirge entstehen ließ. Die Eifel als linksrheinischer Teil dieses Schiefergebirges erstreckt sich zwischen der Kölner Bucht und der Mosel als welliges Rumpfhochland. Tief sind ihre Flüsse in die Randlandschaften zur Mosel und zum Rhein hin eingeschnitten, so insbesondere auch das mittlere Ahrtal zwischen Altenahr und Walporzheim. Das Gestein der Eifel setzt sich neben Schiefern aus Quarziten und Grauwacken zusammen, in die Kalkmulden und Triasreste eingebettet sind. In der mittleren und vor allem in der Osteifel sind die Zeichen und Spuren früheren Vulkanismus an den Maaren, Schlackenvulkanen und Ba-

Die Ahr – Weinlandschaft zwischen Eifel und Rhein

saltkuppen – wie der Hohen Acht als höchstem Berg der Eifel – deutlich abzusehen. Unmittelbar an der Ahr gelegene Vulkankuppen stellen beispielsweise der Aremberg bei Antweiler und die Landskron bei Heppingen dar.

Der aus mehreren Karstquellen gespeiste Quelltopf der Ahr befindet sich im Keller eines Blankenheimer Fachwerkhauses aus dem frühen 18. Jahrhundert. Die größte Wasserzufuhr in diesen Quelltopf erfolgt durch den Nonnenbach, der außerhalb Blankenheims entspringt. Von der Quelle führt der Flusslauf der Ahr durch die von Blankenheim abfallende Kalkmuldenregion in leichten Mäandern auf relativ breiter Wiesensohle und streift nach der Blankenheimer Kalkmulde noch die Kalkmulden von Dollendorf und Ahrdorf – man muss sich dabei diese Mulden nicht als Vertiefungen vorstellen, sondern tatsächlich handelt es sich um Absenkungen, die sich im Laufe der Gebirgsfalten bildeten und mit Sedimenten füllten, die dann der späteren Abtragung entgingen.

Bei diesen Sedimenten handelt es sich einerseits um fossilreiches Kalkgestein und um Dolomit, aber andererseits auch um eisenhaltiges Kalkgestein. Dieses Eisen wurde schon in römischer Zeit verhüttet, wie

Die Ahr – Weinlandschaft zwischen Eifel und Rhein

die Funde der Villa Rustica in Blankenheim belegen. Die Blankenheimer Kalkmulde stellt eigentlich einen Kalkriegel dar, der von typischen Karsterscheinungen durchsetzt ist, die noch gut in der Landschaft zu sehen sind. Diese Mulde ist geologisch intensiv untersucht worden, weil hier besonders fossilreiche mitteldevonische Sedimente zu Tage treten. Heute bietet sich für Hobbygeologen und Fossilien-Sammler die Gelegenheit, an den zahlreichen geologischen Fundstellen wie Steinbrüchen oder auch Weganschnitten immer neue Funde zu machen. Entsprechende Stellen sind in einem Geologischen Lehr- und Wanderpfad rund um Blankenheim, an dessen Verlauf an die dreißig sehenswürdige Punkte mit Erläuterungstafeln versehen sind, zusammengefasst.

Unterhalb von Ahrdorf verlässt die Ahr die Kalkeifel und tritt in die Schiefer- und Grauwackenzone ein – und ändert, wie bereits geschildert, ihre Abflussrichtung nach Nordosten. Hier wird das Bild des Flusstals windungsreicher, was ihm nunmehr größeren Abwechslungsreichtum vermittelt. Ab Müsch verengen die Hänge, teilweise als Felshänge, die Talsohle. Auf dem linken

Die Ahr – Weinlandschaft zwischen Eifel und Rhein

Flussufer erhebt sich nun weithin sichtbar bei Antweiler der 630 Meter hohe Aremberg, einst Sitz der Arenberger Fürsten und Herzöge.

Weiter flussabwärts rücken die Talflanken bei Fuchshofen noch dichter an das Ahrbett heran. Dann vollzieht der Fluss im weiteren Abschnitt bis Insul mehrere breit angelegte Mäander. Die Engstelle der Schleife bei Schuld wird durch einen massiven Felsen gebildet, auf dem der Ort steht, und den der Fluss noch nicht durchbrechen konnte. An der Engstelle der Schleife bei Insul hat dagegen die Erosionskraft der Ahr zum Durchbruch ausgereicht und den abgetrennten Burgberg als Umlaufberg stehen lassen.

In Dümpelfeld erreicht die Ahr die breite Talsohle, die sich von Kreuzberg mit nur einigen weiten Windungen bis Adenau erstreckt – wer von Kreuzberg talaufwärts fährt, hat eigentlich den Eindruck, dass sich das Ahrtal über Dümpelfeld hinaus südwärts fortsetzt. In diesem Flussabschnitt fallen die Hänge sanft zur Ahr hin ab, ohne die Talsohle ernsthaft einzuengen. Breite Wiesenflächen, die heute örtlich als Campingplätze genutzt werden, kennzeichnen hier das Landschaftsbild, das mit der hoch aufragenden Burg auf dem Kreuzberg seinen Abschluss findet.

Die Ahr – Weinlandschaft zwischen Eifel und Rhein

Der reizvolle Engtalabschnitt der Ahr zwischen Altenahr und Walporzheim verdankt seine Entstehung der besonderen geologischen Struktur seines Untergrundes. Erosion hat in der ganzen Eifel die durch Gebirgsfaltung entstandenen Sättel und Mulden zu Rumpfhochflächen geglättet. Die Ahr-Eifel wird durch zwei Sättel geprägt, einmal durch den südlich des Ahr-Engtals verlaufenden Ahr-Sattel und zum zweiten durch den südlich des Kesselinger Baches verlaufenden Sattel von Hönningen-Seifen.

Gerade die nördliche Flanke des Ahr-Sattels ist besonders steil in den Untergrund eingefaltet, so dass die Felsschichten im Engtal an manchen Stellen geradezu senkrecht aufragen. So entstanden durch die erodierende Kraft der Ahrströmung entlang der Nordflanke des Ahr-Sattels besonders schroffe Felsformationen, die durch den brüchigen Untergrund auch noch stark zerklüftet wurden. In engen Bögen schliff sich so die Ahr in das Sattelgestein ein. Die Engstelle bei Altenahr ist längst durch einen Eisenbahn- und einen Straßentunnel für den Verkehr erschlossen, das von der tief südlich greifenden Flussschleife gebildete Langfigtal so zu einer ruhigen Oase in dem vom

22

Die Ahr – Weinlandschaft zwischen Eifel und Rhein

Fremdenverkehr ansonsten so frequentierten Engtal der Ahr geworden. Die nächste Engstelle passiert man an der Lochmühle. In Mayschoß ist die Engstelle durchbrochen und hat die Etzhardt als Umlaufberg stehen lassen.

Dem heutigen Betrachter bietet das Engtal der Ahr so ein besonders beeindruckendes Naturschauspiel – der Winzer nutzt die steilen Felshänge als Weinberge, indem er durch Terrassierung Rebflächen schuf, die die Strahlen der Sonne rech"Twin"klig einfangen und damit ihre ganze Energie nutzen. Am Übergang des Engtals zu den Rheinterrassen bieten auf der rechten Flussseite die Kuppe des Neuenahrer Berges und auf der linken Flussseite die Kuppe der Landskron nochmals einen markanten Beweis des Eifelvulkanismus. Diese beiden Vulkankuppen entstammen der früheren tertiären Eifelvulkanphase. Zeugnisse der späten, quartären Eifelvulkanphase, die auch den Laacher See entstehen liess, bilden die Thermal- und Mineralquellen dieser Ahrregion.

Die Ahr – Weinlandschaft zwischen Eifel und Rhein

Das Teufelsloch bei Altenahr

Auch die Ahr hat im Laufe der Absenkung ihrer Talsohle Terrassen herausgebildet, wie wir sie viel deutlicher auch her vom Rhein kennen. Diese Terrassen lassen sich am Oberlauf einigermaßen gut erkennen. Die obere Hauptterrasse setzt etwa bei Rech ein, die untere Hauptterrasse vereinigt sich oberhalb von Sinzig im Bereich einer ostwärts zum Mittelrheintal verlaufenden tektonischen Ahrtalstörungszone mit der Hauptterrasse des Rheins. Hier weitet sich das Tal, die Hänge fallen flach zur breiten Talsohle ab. Die südwärts geneigten Hänge bis Bodendorf zeigen stellenweise noch von Menschenhand geschaffene Wein-Terrassen, die heute den Charakter von Streuobstwiesen angenommen haben. Reizvoll ist auch der Mündungsbereich der Ahr, der einzige noch natürlich belassene Mündungstrog am Mittelrhein. Die Sedimente der Ahr haben im Laufe der Zeit eine breite Fläche auf der linken Rheinseite aufgeschottert, die wegen ihrer Fruchtbarkeit auch als „Goldene Meile" bezeichnet wird.

Bei so unterschiedlichen landschaftlichen Erscheinungsformen, so unterschiedlichen klimatischen Bedingungen bis hin zu den Kleinklimata in den felsigen Steilhängen und bei so unterschiedlichen Bodenverhält-

Die Ahr – Weinlandschaft zwischen Eifel und Rhein

nissen bietet das Ahrtal auch eine vielfältige Flora und Fauna – an dieser Stelle sollen nur einige wenige Aspekte angesprochen werden.

Hinsichtlich der Pflanzenwelt lassen sich deutliche Unterschiede am Oberlauf, am Mittellauf und am Unterlauf der Ahr feststellen. Im oberen Bereich ist das Pflanzenbild der Ahr auf den dort vorherrschenden mitteldevonischen Kalk- und mergeligen Sandböden den klimatischen Eifelbedingungen ausgesetzt. Im mittleren Ahrtal mit unterdevonischen Schieferböden ist das Klima milder und bietet Raum für ein mancherorts mediterran anmutendes Pflanzenkleid. Im Unterlauf ist floristisch vor allem das Mündungsgebiet mit seinem typischen Schotterbewuchs von Interesse. Eine Besonderheit des Pflanzenkleides am Oberlauf stellen die Wacholderbestände dar, wie sie vor allem im Lampertstal zu finden sind. Hier gibt es auch viele Küchenschellen- und Orchideenstandorte. In Gesellschaft mit den Wacholdern sind gleichermaßen auch Ginster anzutreffen – eine Augenweide in der Blütezeit! Im oberen Ahrbereich gibt es auch Enzianbestände, so vor allem den Deutschen Enzian, aber auch Fransen-Enzian. Für das durch größere Wärme gekennzeichnete Engtal sind vor allem die Gemeine Pechnelke und Pfingst-Nelke

Die Ahr – Weinlandschaft zwischen Eifel und Rhein

wie auch die Karthäuser-Nelke kennzeichnend, aber etwa auch Habichtskraut, der Schaf-Schwingel, die Rundblättrige Glockenblume und verschiedene Farnarten, Fetthennen und viele andere mehr – und oberhalb der Weinberge geht die Flora in Wärme liebende Eichen-Buschwälder über.

Am Unterlauf hat die landwirtschaftliche Nutzung die Flächen weitgehend eingenommen. Ins Auge fallen die Streuobstwiesen in Richtung auf Bad Bodendorf, an denen noch die früheren Weinbergsmauern zu erkennen sind – doch Weinbau wird hier schon lange nicht mehr betrieben. Diese so genannten Lohrsdorfer Wiesen sind weithin bekannte Orchideenstandorte – durch Flurtausch in Zusammenarbeit mit dem zuständigen Forstamt und unter freiwilliger Mitwirkung der Landwirte werden die Flächen heute unter Naturschutz behandelt. Die Standorte sind abgezäunt, Hinweistafeln informieren die Besucher.

Der General-Anzeiger schreibt über die Ahr:

Mit dem Weinbau ist an der Ahr an Stelle des natürlichen Waldes eine offene, einladende Landschaft entstanden, die jeder Besucher nach eigenem Bedürfnis genießen kann. Wer Ruhe sucht, findet sie in den Dörfern, am Fluss zwischen Wingerten und am Waldesrand. Wer seine Kräfte testen will, kann das bei steilen Aufstiegen und forschen Schritts auf schier endlosen Wegen, vielleicht auch bei einer Radtour. Und wem zum Feiern zumute ist, der hat ahrauf, ahrab gute Gelegenheiten bei einer Fülle von Festen.

Die Region präsentiert sich alles andere als verträumt: Sie ist modern und gastfreundlich, hat sich Fitness und Wellness auf die Fahnen geschrieben. Wobei der Wein durchaus in der Lage ist, beidem die Spitze zu nehmen, angenehme Zustände für Leib und Seele zu schaffen.

Im Bereich der Schotter der Ahrmündung haben sich ganz spezifische Pflanzengesellschaften herausgebildet, vor allem bestehend aus Gänsefuß- und Knöterich-Gattungen. Die Uferböschungen sind im Wesentlichen durch Staudengesellschaften mit Schierling, Steinklee, Weideröschen, Distel und Schafgarbe, Sumpfziest, Mädesüß und als pflanzengeschichtliche Neuankömmlinge der Knollige Sonnenblume und dem Japanischen Knöterich gekennzeichnet.

Die Flusslebewelt der Ahr weist keine allzu großen Besonderheiten auf. Hier gibt es Schlammrohrwürmer, Mückenlarven, Eintagsfliegenlarven, Köcherfliegenlarven, verschiedene Schneckenarten. Und am Wasser tummeln sich mit vielen anderen Insektenarten Libellen am Ufer. Unter den Fischen an der Ahr stehen die Bachforelle und Regenbogenforelle an erster Stelle, dazu kommen Äsche, Elritze, Barsch, Döbel, Rotauge, Gründling, Barbe, Aal, Bachneunauge und neuerdings auch wieder Lachse. Unter den Echsen an der Ahr sind die seltene Schlingennatter, die Würfelnatter und die Zauneidechse wie die Mauereidechse zu nennen. Reichhaltig ist auch die Vogelwelt, vor allem im Mündungsgebiet herrscht Artenvielfalt mit Flussregenpfeifer, Flussuferläufer, Turteltaube, Kleinspecht, Wendehals, Sumpfrohrsänger, Pirol sowie dem Graureiher und verschiedenen Entenarten. Letztlich sei in diesem Zusammenhang erwähnt, dass es Vogelschützern in der Vergangenheit gelungen ist, wieder mehrere Uhu-Paare vor allem am Mittellauf der Ahr anzusiedeln. Die Horste wurden in der Einbürgerungszeit bewacht – ihre Standorte werden nicht bekannt gegeben!

Die Ahr – Weinlandschaft zwischen Eifel und Rhein

DIE GESCHICHTE DER AHR

Die raue Berglandschaft der Eifel hat sich lange einer menschlichen Besiedlung entgegen gestellt. Während ihre Randlandschaften schon in der älteren Steinzeit von den Menschen aufgesucht wurden, liegen Siedlungsfunde innerhalb der Eifel nur aus der jüngeren Steinzeit vor – und dies auch nur punktuell. Erst mit der Bronzezeit drangen die Menschen auch in die Täler der Eifel vor. In der Nordeifel folgten den germanischen Eburonen die Ubier, in der Südeifel dominierten die keltischen Treverer.

Mit dem Vordringen der Römer in das Rheingebiet änderte sich auch die geopolitische Situation der Eifel. Die Römer suchten

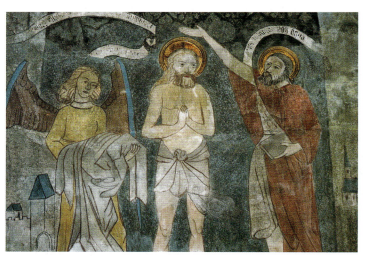

Mittelalterliche Fresken in der St. Laurentiuskirche, Ahrweiler

eine unmittelbare Verbindung zwischen ihren Stützpunkten Trier und Köln, um militärisch gegenüber den vom Ostufer des Rheins heran drängenden Germanen präsent zu sein. Diese Militärstraße führte auf dem direkten Weg von Trier durch die Eifel über Kyll und Schmidtheim, wo der Abzweig über die Höhen zwischen Erft und Ahr nach Rheinbach und dann nach Bonn erfolgte, weiter über Zülpich nach Köln.

Das Straßensystem erforderte Stützpunkte, die Römer bauten Kastelle als Militärposten und vor allem auch als Pferdewechselstationen. An diesen Kastellen ließen sich dann auch Römer nieder, die hier ihre so typischen großen Villen errichteten, ausgestattet mit Heizung, Sauna und Wirtschaftsgebäuden, die gleichzeitig als Raststationen an der Römerstraße dienten. Die Reste mancher dieser großartigen Villen können bis heute bestaunt werden, so vor allem die Römervilla am Silberberg bei Ahrweiler.

Neben der Landwirtschaft betrieben die Römer in der Eifel auch Bergbau – sie verhütteten beispielsweise Eisen und brannten Kalk, deren Rohstoffe sie in den Kalkmulden fanden. Und sie nutzten das frische Wasser der Eifel – die 95,4 Kilometer lange, am Ende des 1. Jahrhunderts n.Chr. gebaute, von Nettersheim ausgehende Römische Wasserleitung versorgte Köln über drei Jahrhunderte mit qualitativ hochwertigem Eifelquellwasser.

Mitten in der Eifel trafen sich die Grenzen der drei römischen Provinzen Germania Inferior mit Köln, Germania Superior mit Mainz und Belgica mit Trier als wichtigster Stadt, die im 3. und 4. Jahrhundert n.Chr. zeitweise sogar Hauptstadt des gesamten Römischen Reichs war. Die Grenze zwischen Germania Inferior und Germania Superior wurde im Ahrraum übrigens vom Vinxtbach südlich der Ahr gebildet. Die Dreiteilung des Eifelraums wurde später von der Kirchenordnung übernommen und hat auch das politische Geschehen hier noch lange beeinflusst.

Die Geschichte der Ahr

Zum Ende der Römerzeit drangen die Franken in das römische Germanien ein. Man bezeichnet diesen Vorgang auch als die Fränkische Landnahme, denn die Franken waren Bauern und besiedelten das Land. Sie übernahmen die Wirtschaftsflächen der Römer, ließen aber ihre Steinbauten verfallen, und sie machten auch Land urbar. Viele Ortsnamen in der Eifel, die auf -heim -weiler oder -ingen enden, erinnern noch an diese Fränkische Landnahme. Nachdem sich der Frankenkönig Chlodwig taufen ließ, setzte auch die Christianisierung in der Eifel ein. Hieran waren die im frühen Mittelalter in der Eifel gegründeten Klöster maßgeblich beteiligt – für das Ahrgebiet hatte dabei die Abtei Prüm entscheidende Bedeutung. Noch entscheidender aber war die kulturelle und wirtschaftliche Bedeutung dieser Klöster für die weitere Entwicklung des Eifelraumes. Sie betrieben großflächige Landwirtschaft, erschlossen weite Gebiete der noch kaum besiedelten Eifel für die landwirtschaftliche Nutzung und überließen sie Bauern gegen Entrichtung des Zehnten zur Bewirtschaftung.

Im Jahre 721 gründete die fränkische Adelige Bertrada, deren Enkelin Bertrada d.J. mit dem fränkischen König Pippin vermählt war, die Abtei Prüm. Pippin stattete die Abtei später mit Privilegien aus, und aus der Tatsache, dass Papst Leo III. und Karl der Große die Abteikirche von Prüm 799 persönlich weihten, kann man ersehen, in welcher Gunst das Kloster bei den fränkischen Herrschern stand. Kaiser Lothar I. wurde sogar in der Abteikirche begraben. Und so wundert es auch nicht, dass die Abtei Prüm zu ihrer Zeit zu den wohlhabendsten im Reich zählte, über große Ländereien verfügte und auch an der Ahr begütert war. Nachdem die Wikinger die Abtei Prüm in den Jahren 882 und 892 geplündert und zerstört hatten, ließ Abt Regino ein Jahr nach dem letzten Überfall ein neues Güterverzeichnis, das Prümer Urbar, der Abtei erstellen.

Das im Frühmittelalter herrschende Landrecht, auch als Villikationsverfassung oder Fronhofordnung bezeichnet, kann man aus dem Prümer Urbar unmittelbar ablesen. Im Mittelpunkt dieser Herrschaftsordnung stand der Fronhof, der von einem „Meier" zusammen mit dem unfreien Gesinde für den Grundherren bestellt und verwaltet wurde. Auf den umliegenden Bauernstellen fronten die Leibeigenen dem Grundherren – sie mussten Arbeitsdienste und Sachabgaben leisten. Alle auf dem Fronhof tätigen und lebenden Leute wurden als familia bezeichnet, so dass sich die Fronhofverfassung letztlich als ein auf Herreneigentum an Grund und Boden beruhender Personenverband darstellte, dessen Angehörige dem

Römische Tradition im Ahrweiler Vereinsleben

Hofrecht unterstanden, wie es Hans-Georg Klein in seinem Beitrag „Ahrweiler im Spiegel des Prümer Urbars" in der Festschrift zum 1100-jährigen Bestehen der Stadt ausdrückt.

Im Laufe der weiteren geschichtlichen Entwicklung verselbstständigten sich die Gutsverwalter und Vögte gegenüber ihren Grundherren. Sie empfanden sich immer weniger dem herrschaftlichen Grundbesitz zugehörig, sondern betrachteten den Grund und Boden, den sie bewirtschaften, nunmehr als ihr Eigentum. Zur Verteidigung ihrer neuen Besitzansprüche errichteten sie Burgen als Zentrum ihrer Territorialherrschaften. Die neuen Herren, die oft schon mit administrativen und richterlichen Befugnissen von den merowingischen und karolingischen Königen und Kaisern bzw. den Klöstern bedacht worden waren, nahmen nun diese Befugnisse für sich selbst in Anspruch – die mit diesen Ämtern verbundenen Landzuteilungen waren nämlich in spätkarolingischer Zeit meist schon in erbliche Lehen umgewandelt worden.

Die kaiserliche und königliche Zentralmacht im Deutschen Reich war im Laufe des Mittelalters so weit geschwächt, dass die neuen Herren kaum noch in ihre Schranken verwiesen werden konnten. Über 100 solcher Territorialherrschaften entwickelten sich in dieser mittelalterlichen Übergangszeit in der Eifel. Nur wenige hatten die Kraft zum Überleben. An der Ahr waren dies die Herrschaft von Blankenheim, die Herrschaft von Arenberg und die Herrschaft von Are; letztere wurde durch Schenkung dem Kurfürstentum Köln einverleibt. Im Zentrum kleinerer Herrschaften standen die Saffenburg, Burg Neuenahr und die Landskron.

Exkurs: Das Prümer Urbar

Das 893 verfasste Prümer Urbar stellt eine der wertvollsten Quellen über die frühmittelalterlichen Besitz- und Abgabenverhältnisse im Rheinland dar. Das Original ist verloren gegangen – aber es existiert eine 1222 gefertigte Abschrift des Abtes Caesarius von Prüm, dem späteren Mönch des Klosters Heisterbach im Siebengebirge. Vor allem seine Kommentare sind bis heute von größtem Wert für die landesgeschichtliche Beurteilung der damaligen Lebensumstände. Diese aus 57 Pergamentseiten bestehende Abschrift wird im Landesarchiv in Koblenz aufbewahrt.

Das Prümer Urbar von 893 erwähnt neben altbekannten Dörfern zum ersten Male die Namen von über 150 Ortschaften urkundlich, in denen das Prümer Kloster Rechte hatte, davon auch einige im Ahr-Gebiet. Zur Erfassung der Besitztümer wurden von Prüm und den Töchterklöstern Mönche ausgeschickt, um vor Ort festzuhalten, wie viele der zur Grundherrschaft gehörenden Mansen (Hufe) dienst- und abgabenpflichtig waren.

HERRSCHAFT BLANKENHEIM

Der Ursprung der Herrschaft Blankenheim geht auf eine Schenkung Bertradas, der Gründerin des Klosters Prüm, im Jahre 721 in blancio (= Blankenheim) zurück. Die Existenz der Herren von Blankenheim ist seit dem frühen 12. Jahrhundert bekannt – sie lassen sich in erblicher Reihenfolge bis zum Jahre 1794 verfolgen. Erst Napoleon setzte ihrer Herrschaft ein Ende. Gerardus von Blankenheim wird 1112 erstmals urkundlich erwähnt. Mit dem Burgbau auf dem Felsen oberhalb der Ahrquelle wurde 1115 begonnen. Kaiser Wenzel erhob die Herren von Blankenheim 1380 in den Grafenstand, und Kaiser Friedrich III. ernannte dann Graf Dietrich III. von Blankenheim-Manderscheid im Jahr 1461 sogar zum

Die Geschichte der Ahr

Blick in den Innenhof der Blankenheimer Burg nach ihrem Wiederaufbau

Reichsgrafen. Längst hatten sich nämlich die Herren von Blankenheim zu den bedeutendsten Herrschern in der Eifel entwickelt, deren Ländereien bis zur Mosel reichten und unter anderem auch den Besitz von Manderscheid und Gerolstein umfassten. Die letzte Regentin Gräfin Augusta von Blankenheim-Sternberg floh 1794 vor den französischen Revolutionstruppen nach Böhmen.

HERRSCHAFT ARENBERG

Die Ursprünge der Herrschaft Arenberg gehen auf Nachfahren des Frankenherzogs Arnebert (oder Arembert) zurück, einem Mitstreiter des Frankenkönigs Chlodwig, der ihnen in der Eifel Besitz zukommen ließ. Das Datum der ersten urkundlichen Erwähnung des Dorfes Aremberg ist nicht ganz sicher – im Handbuch des Bistums Trier wird hierfür das Jahr 1087 angegeben. Im 12. Jahrhundert erbauten die Herren von Arenberg (erstmals 1166, noch Arberg genannt, erwähnt) auf diesem strategisch so wichtigen Berg eine mächtige Burg. Sie konnten sich das leisten, schließlich bekleideten sie von 1032 bis 1279 das Burggrafenamt von Köln als Vertreter und höchste weltliche Amtsträger des Erzbischofs.

Im Jahre 1280 starb die männliche Linie derer von Arenberg aus. Aber Mechthild von Arenberg begründete mit Engelbert II. aus dem Hause Marck die zweite Linie des Geschlechts. Umsicht, politisches und wirtschaftliches Geschick, sowie die absolute Loyalität zum deutschen Kaiser mehrten die Bedeutung des Hauses von Arenberg und ebenso die Bedeutung der Burg. Die Grundlage des Reichtums der Arenberger bildeten Erzgruben im nahe gelegenen Freilingen. Verhüttet wurden die Erze in Antweiler und in Ahrhütte. So mehrten sie ihren Besitz bis in den Maas-Raum und in die Niederlande hinein. Unterhalb der Burg entstand ab dem 14. Jahrhundert ein mit Mauern und Türmen befestigter Ort. So wurden die Arenberger 1549 in die Reichsgrafschaft und 1576 in den Fürstenstand erhoben, wodurch sie einen Sitz im Reichstag erwarben und ihrer Familie die Reichsunmittelbarkeit bis zum Ende ihrer Dynastie sicherten. Und schließlich haben sie sogar noch am 9. Juni 1644 die Herzogswürde erhalten.

In Anbetracht ihrer gestiegenen Bedeutung bauten die Arenberger ihre Burg bis 1670 zu einer mächtigen Festung aus, die den gesamten Aremberg bedeckte. Deshalb machten die Truppen Ludwig XIX. bei ihren Raubzügen durch die Eifel zunächst einen Bogen um den Aremberg. Doch als der Herzog nach dem Frieden von Nimwegen im Jahre 1679 die teure Garnison entließ, bemächtigten sich die Franzosen drei Jahre später der Burg. Bei dem Unterfangen, die mächtige Burg zu einer französischen Garnison auszubauen, zerstörte eine falsch angelegte Sprengladung ihren Brunnen. Die Festung war nunmehr für die Franzosen nicht mehr tauglich, und sie verließen 1683 den Aremberg wieder, nicht ohne aber die Festung zu schleifen.

Die Herzöge kehrten nach dem Abzug der Franzosen auf ihren Burgberg zurück und erbauten auf und aus den Trümmern ein prächtiges Barockschloss. Als sich dann 1794 die ersten Vorboten der französischen Revolutionstruppen näherten, verließ die herzogliche Familie das Schloss und ging in die Niederlande. Im Jahre 1803 wurde das „Schloss auf dem Aremberg" für 3025 Franken an Jean Gaspard Villmart auf Abbruch verkauft, der Abbruch erfolgte 1809.

HERRSCHAFT ARE

Das Gebiet im Eingangsbereich des Engtals der Ahr wurde – wie die gesamte Region – nach der Römerzeit von den Franken besiedelt. Aus Urkunden geht hervor, dass Kaiser Otto III. im Jahre 992 seinen Getreuen Sigibod mit dem südlich der Ahr befindlichen Reichswald Mellere belehnte. Mit diesem Lehen erweiterte und rundete der Adlige seinen Besitz nördlich der Ahr um das heutige Kreuzberg, Altenahr und Vischel ab. Damit hatte Sigibod den Kern der späteren Grafschaft Are gelegt, und man kann davon ausgehen, dass er als Gaugraf im Ahrtal auch Vorfahr der Grafen von Are war. Der Stammsitz der Grafen war die Burg Are, mit deren Bau Graf Theoderich I. von Are um 1100 begonnen hatte, und die wahrscheinlich später durch eine Mauer mit dem gleichfalls befestigten Ort Altenahr verbunden war. Nachdem die Grafen die Vogtei für den stattlichen Besitz der Abtei Prüm im Gebiet übernommen hatten, übten sie den entscheidenden Einfluss im Ahrgebiet aus.

Als die Grafen von Are-Hochstaden in der männlichen Linie 1246 ausstarben, schenkte Graf Friedrich von Are-Hochstaden, auch Propst zu Xanten, die Grafschaft mit Zustimmung seines Bruders Konrad von Hochstaden, Erzbischof von Köln, Burg und Grafschaft Are dem Kölner Erzstift. Diese Schenkung ist unter der Bezeichnung „Are-Hochstaden'sche Schenkung" in die Geschichtsbücher eingegangen. Seit dieser Schenkung ließen die Erzbischöfe und späteren Kurfürsten von Köln als Rechtsnachfolger der Grafschaft ihre Ämter (Herrschaften) durch eigene Amtmänner (Burggrafen) entweder von der jeweiligen Burg aus (Kreuzberg, Pützfeld, Vischel, Wensberg) oder vom jeweiligen Rittersitz aus (befestigte Hofanlagen Burgsahr, Lind) verwalten. Den Amtmännern stand die niedere Gerichtsbarkeit in ihrem Bezirk zu, so dass die Dorf- oder Hofgerichte kleinere Straftaten aburteilten sowie Grundstücksübertragungen und Grundstücksstreitigkeiten erledigten. Die übergeordnete Gerichtsbarkeit stand dem Altenahrer Hauptgericht zu, dem der kurfürstliche Schultheiß vorstand. Dieses Hauptgericht war Berufungsinstanz im Kirchspiel Altenahr in allen Urteilen der übrigen niederen Gerichte.

Bis zur Auflösung des kurkölnischen Amtes im Jahre 1798 blieben Umfang und Struktur der kurkölnischen Verwaltung in Altenahr unverändert. Die Burg fungierte vor allem auch als Gefängnis für Widersacher der Kurfürsten. Französische Truppen

Burg Are, vom Langfigtal aus gesehen

unter Ludwig XIV. belagerten Altenahr 1689/90 neun Monate lang und zogen dann in die Stadt ein. 1714 zerstörten kurkölnische Truppen die Burganlage, weil sich hier immer wieder räuberisches Gesindel eingenistet hatte. Als Amtssitz wurde zu Füßen des Burgberges anstelle eines ehemaligen Burghauses ein neues Amtshaus gebaut. Übrigens besaß Altenahr in Verbindung mit der Burg Are eine Ortsbefestigung mit drei Toren, von denen die „Brückenpforte" als letztes Tor 1804 vom Ahrhochwasser weggerissen wurde. Reste der Ummauerung sind nördlich des Ortes erhalten

Saffenburg

Im Jahre 1081 tauchen die Herren der Saffenburg, die auf einem von einer Ahrschleife umrundeten Bergsporn gegenüber von Mayschoß liegt, erstmals in Urkunden auf – also noch früher als die Grafen von Are. In diesem Jahr wurde Graf Adolf von Nörvenich gemeinsam mit Albert von Saffenburg als Besitzer der Saffenburg ausgewiesen. Zu ihrem Herrschaftsgebiet gehörten Dernau mit dem Kloster Marienthal, Mayschoß, Laach und Rech. Die Herrschaft blieb bis zur Ablösung durch die französische Verwaltung in ihrem Umfang und ihrer rechtlichen Selbstständigkeit unverändert.

Die Herren auf der Saffenburg wechselten im Laufe der Zeit. Im Jahr 1184 erwarb der Kölner Erzbischof Philipp von Heinsberg eine Burghälfte. Auf die Grafen von Saffenburg folgten 1424 die Grafen von Virneburg, 1545 bis 1593 die Grafen von Manderscheid. Der Besitz ging 1593 an die Grafen von der Marck über, deren Nachfolger von 1773 bis 1801 die Herzöge von Arenberg wurden. Die oberste Lehnshoheit übte seit 1323 Kurköln aus. Die Orte der Herrschaft Saffenburg bildeten ein gemeinsames Kirchspiel. Die niedere Gerichtsbarkeit lag bei einem mit Schultheiß und sechs Schöffen besetzten Kirchspielgericht. Der Herr von Saffenburg hatte alle hoheitliche Gewalt und übte die hohe Gerichtsbarkeit aus. Der Grundbesitz in den Orten Mayschoß und Rech lag fast ausschließlich bei den Herren von Saffenburg, die diesen auch nach 1801 behielten und teils noch heute besitzen.

Häufig kam es zu kriegerischen Auseinandersetzungen um die Saffenburg. Solche Scharmützel und Belagerungen werden aus den Jahren 1632, 1633, 1676, 1684, 1702 und 1703 gemeldet. Als die Franzosen dann abgezogen waren, ließ der damalige Besitzer Graf von Marck-Schleiden die Burg von einer Jülicher Truppe schleifen, um der umliegenden Bevölkerung weiteren Schaden zu ersparen. Seither stellt sich die Saffenburg als malerische Ruine inmitten der Weinberge an der Ahr dar.

Neuenahr

Erstmals im Jahre 1225 wird nouwinare als Bezeichnung für den Berg, die Burg und die Herrschaft Neuenahr erwähnt. Hier herrschte nun die Linie der Grafen von Are-Neuenahr, die sich zu diesem Zeitpunkt von der Linie der Grafen von Are-Nürburg abgetrennt hatte. Zwischen 1222 und 1231 ließ Graf Otto von Neuenahr eine Burg auf der Bergkuppe des Neuenahrs errichten, letztlich auch, um sich den kurkölnischen Herrschaftsansprüchen im unteren Ahrtal zu widersetzen. Doch ihren Widerstand

Die Geschichte der Ahr

konnten die Neuenahrer auf Dauer nicht aufrechterhalten. Im Jahre 1372 waren es die Kölner leid. Sie führten Ahrweiler Schützen als Truppen heran, die die Burg auf dem Neuenahr belagerten. Nach nur zehn Tagen wurde die Burg erstürmt und gänzlich zerstört.

LANDSKRON

Schon Gottfried Kinkel schwärmte von dem Blick, den man von der Kuppe der Landskron hat, jener Vulkankuppe am Übergang zwischen Engtal und Unterlauf der Ahr: „Die Aussicht von dieser ganz freien Bergwarte, dem Plateau der Landskron, spottet jeder Beschreibung…". Implizit hatte Kinkel damit zum Ausdruck gebracht, welchen militärischen Wert der Standort auf der Landskron hatte, von der man in das Rheintal hineinschauen kann, das Ahrtal einsieht – und vor allem verlief die Aachen-Frankfurter-Heerstraße, der Krönungsweg der deutschen Herrscher, am Fuße der Landskron vorbei. Und wer diesen Krönungsweg beherrschte, hatte ein Faustpfand in der Hand, um selbst die Macht im Reich an sich zu reißen.

In der Tat waren die Zeiten nach dem Tode Kaiser Friedrich I. Barbarossa unruhig geworden. Sein Sohn Heinrich VI. konnte nochmals das Kaisertum in Europa zu höchstem Glanz bringen, doch mit seinem Tod 1197 war das Ende der staufischen Glanzzeit gekommen. Rechtmäßiger Erbe der deutschen Krone war nach dem frühen Tod

Blick über Bad Neuenahr und die Autobahnbrücke auf die Landskron

Heinrich VI. dessen Sohn Friedrich (später Friedrich II.), doch der war noch ein Kind und lebte bei der Mutter im fernen Sizilien. So wurde die welfische Opposition gegen die Staufer wieder lebendig. Eine Anzahl der deutschen Reichsfürsten wählte nun Otto IV., den Sohn des Welfen Heinrich der Löwe, zum Gegenkönig. Um die Krone für das staufische Haus zu retten, musste sich Philipp von Schwaben, der jüngste Sohn Friedrich I. und Bruder von Heinrich VI., selbst zum König wählen lassen. Beide Könige waren aber zu schwach, um sich im Reich durchsetzen zu können, aber jeder der beiden rang weiter um die Vorherrschaft. Philipp von Schwaben hatte dabei vor allem den Kölner Erzbischof im Visier, der seinen Konkurrenten Otto unterstützte. Philipp hatte in Gerhard von Sinzig einen Verbündeten. Auf dem Gelände der Goldenen Meile am Rhein sammelte er ein Heer zusammen, zu dessen Schutz er 1206 auf dem Mons Gimiche, wie die Landskron zuvor hieß, eine Burg bauen ließ, denn für Philipp war diese Bergkuppe „...des Landes Krone". Schnell eilten die umliegenden Herrscher herbei, um Philipp angesichts der mächtigen Burg ihre Treue anzubieten, so die Grafen von Are, die von Saffenburg, der Olbrück, die Herren von Arenberg, der Tomburg, von Drachenfels und der Löwenburg.

Die modernen Triebwagen der Ahrtalbahn

Im weiteren Verlauf der staufisch-welfischen Auseinandersetzung war zunächst Philipp erfolgreich, wurde dann aber ermordet. So regierte Otto IV. bis 1215. Sein Nachfolger Friedrich II. konnte 35 Jahre lang herrschen. Er hatte nicht vergessen, dass die Herren von Sinzig in den Zeiten der Wirren den Staufern treu geblieben waren. Er schenkte die Herrschaft Landskron dem treuen Gerichwin von Sinzig, dessen Familie die Grafen von Landskron entstammen. Wechselvoll war die Geschichte dieses Grafengeschlechts. Im 14. Jahrhundert schloss die direkte Linie mit Gerhard von Landskron ab, sein Erbe wurde unter drei Linien aufgeteilt, die sich Burg, Kapellen, Kelterhaus und andere Wirtschaftsgebäude in der Nutzung teilten. Zwischendurch war die Landskron auch Garnison der Herzoge von Jülich. Im Jahre 1677 vernichtete ein Brand große Teile der Burg, so dass der Herzog von Jülich 1677 ihren Abriss anordnete.

NEUZEIT

Während der französischen Besatzungszeit, die in der Eifel von 1794 bis 1814 währte, wurden die Orte an der Ahr nach dem französischen Verwaltungssystem neu organisiert. Die vormaligen Herrschaftsstrukturen fielen weg, gleich ob sie selbstständig waren wie Blankenheim, Arenberg oder Saffenburg oder von Köln abhängig wie Altenahr. Die Osteifel wurde dem neu geschaffenen Département Rhein-Mosel mit der Hauptstadt Koblenz zugeteilt. Die Départements waren in Kantone und Bürgermeistereien (mairies) untergliedert – Blankenheim machten die Franzosen zum Sitz einer solchen mairie. Im Rahmen der französischen Herrschaft über Europa wurden auch die Kirchengüter eingezogen – im Zuge dieser Säkularisation wurden an die 80 Klöster in der Eifel aufgehoben.

Mit der politischen Neuordnung Europas nach dem Ende der napoleonischen Ära kam das Rheinland im Jahre 1815 an Preußen. Diese Integration in das preußische Staatswesen bescherte dem Rheinland eine nochmalige Neuordnung. Die Osteifel wurde im Wesentlichen dem Regierungsbezirk Koblenz zugeteilt, Teile kamen auch an den Regierungsbezirk Köln. Im Zuge dieser kommunalen Neuorganisation entstanden die Kreise Ahrweiler und Adenau.

Der preußische Staat unternahm große Anstrengungen, um die marktferne Eifel vor allem durch Straßen- und Eisenbahnbau zu erschließen. Doch solch umfängliche Anstrengungen brauchten ihre Zeit. Und während man in anderen preußischen Landen zunehmend vom wirtschaftlichen Fortschritt profitierte, geriet die Eifel zunächst immer weiter ins Abseits. Deshalb verließen vor allem in der ersten Hälfte des 19. Jahrhunderts viele Eifelbewohner aus blanker Not ihre Heimat, um sich in fernen Ländern eine bessere Existenz aufzubauen – sie nahmen die lange und beschwerliche Schiffsreise auf sich, um vor allem ins Land der unbegrenzten Möglichkeiten, die Vereinigten Staaten, zu kommen. Die Auswanderer aus der Eifel siedelten dabei vor allem in Illinois, Minnesota, New York, Pennsylvania und Ohio.

Doch zur Mitte des 19. Jahrhunderts besserten sich auch die Lebensverhältnisse im Ahrtal. Wichtig war die Eröffnung des Straßentunnels von Altenahr im Jahre 1834, der nunmehr einen erleichterten Zugang zur Region bot. Von noch größerer Bedeutung war der Bau der Ahrtal-Eisenbahn. Der Abschnitt Remagen-Ahrweiler wurde 1886 fertig gestellt, die weiter geführte Strecke von Dümpelfeld über Ahrdorf bis Jünkerath konnte am 1. Juli 1912 dem Verkehr übergeben werden. Teile der Strecke waren bis dahin auch schon zweigleisig ausgebaut, denn inzwischen hatte sich die weltpolitische Wetterlage geändert, und die Eifel gewann als Aufmarschgebiet deutscher Truppen an strategischer Bedeutung. Für den Truppen- und Materialtransport wurde sogar mit dem Bau einer neuen Eisenbahntrasse vom Ruhrgebiet über Liblar in das Ahrtal begonnen.

Für den für das Ahrtal so wichtigen Wirtschaftszweig des Fremdenverkehrs wurden auch Mitte des 19. Jahrhunderts die Grundlagen gelegt. Im Jahre 1858 erbohrte man den Apollinarisbrunnen und im gleichen Jahr wurde das Heilbad in Neuenahr gegründet.

Von den unmittelbaren Auswirkungen des Ersten Weltkriegs blieb das Ahrtal verschont. Erst mit der Besetzung des Rheinlandes zunächst durch amerikanische und dann durch französische Truppen wurden auch für das Ahrtal die Konsequenzen dieses Krieges spürbar. Die Region geriet so erneut in eine wirtschaftliche Randlage. Mit der Eröffnung des Nürburgringes im Jahre 1927 wurde ein Signal gesetzt, um dieser benachteiligten Region zu neuem Aufschwung zu verhelfen.

Der Ausbruch des Zweiten Weltkriegs blieb für die Ahrregion zunächst ohne unmittelbare Konsequenzen, dafür war der Schrecken am Ende des Krieges umso größer. Im März 1945 rückten amerikanische Truppen an den Rhein vor und eroberten die Remagener Brücke. Sie errichteten ein großes Kriegsgefangenenlager in der Goldenen Meile zwischen Remagen und Niederbreisig, in dem schlimme Zustände geherrscht haben sollen.

Schon bald nach dem Zweiten Weltkrieg bildeten sich die neuen demokratischen Strukturen in Westdeutschland heraus. Am

Exkurs: Die unvollendete Ahrtal-Militärbahn

Ausschließlich militärische Überlegungen führten zur Trassierung der „Ruhr-Mosel-Entlastungslinie" für die Rhein- und Moseleisenbahnen. Mit dem Bau der zweigleisigen Strecke von Neuß über Liblar, heute Erftstadt, und Rheinbach bis nach Rech und von dort über die Ahr- und Eifelbahn ins Saarland und Lothringen wurde 1913/14 begonnen. Bis Kriegsende waren die meisten Hochbauten fertig gestellt. Nur aus dem militärischen Stellenwert heraus ist es zu verstehen, dass beispielsweise in Kreuzberg ein im Vergleich zu den bisherigen Lokstationen Ahrweiler und Adenau ungleich groß dimensioniertes Eisenbahnbetriebswerk angelegt wurde. Bis Mitte der 20er Jahre wurde sogar noch der eingleisige Ausbau der Ahrtal-Militärbahn weiter betrieben, im Herbst 1921 erfolgte gar die Grundsteinlegung der letzten Brücke, des Adenbachviaduktes.

Auch heute noch kann man die Spuren der alten Militärbahn im Gelände an der Ahr erkennen. Oberhalb von Dernau sieht man im Hang noch die Tunnelportale und einen Wirtschaftsweg, der die ehemalige Trasse nutzt. Am östlichen Ende stößt man nicht auf ein weiteres Tunnelportal aus dem frühen 20. Jahrhundert, sondern auf einen atombombensicheren Eingang zur „Dienststelle Marienthal", den langjährigen Bunker der Bundesregierung. Dieser nutzte die Tunnelröhren als Ausgang für insgesamt ca. 30 km Röhren und Räume in den Bergen. Und am Ahrweiler Ende der Trasse stehen heute noch die als „Schwurfinger" bezeichneten Brückenpfeiler des Adenbachviaduktes, die neuerdings als Kletterpark genutzt werden.

13. Oktober 1946 wurden erste Kreistagswahlen abgehalten, am 18. Mai 1947 erste Landtagswahlen, in deren Folge sich das Bundesland Rheinland-Pfalz konstituierte.

Auch an der Ahr normalisierte sich nach der Währungsreform und der Gründung der Bundesrepublik Deutschland das Leben wieder. Sehr schnell schon gewann das reizvolle Tal an Anziehungskraft für die Bewohner der benachbarten Regionen. So erhielt die Ahr immer mehr Besuch aus dem Rhein- und Ruhrgebiet, und der Ahrwein floss immer reichlicher. Die Region brauchte einige Zeit um zu erkennen, dass ihr neues Image als Ziel für Betriebs- und Kegelausflüge auf Dauer schädlich war und dass sie langfristig nur dann eine Position als Kulturregion aufrechterhalten kann, wenn auch ihre Freizeitangebote einerseits sowie ihre Gastronomie und ihr Wein andererseits an Qualität gewinnen. Diesen Schritt haben die Entscheidungsträger an der Ahr nachhaltig vollzogen, und der Erfolg hat ihnen Recht gegeben.

Ein weiteres wichtiges Ereignis für das Ahrtal stellte die Gebiets- und Verwaltungsreform des Jahres 1969 dar, in deren Folge die Verbandsgemeinde Brohltal mit dem Kloster Maria Laach dem Kreis Ahrweiler zugeschlagen wurden. Von großer verkehrspolitischer und wirtschaftlicher Bedeutung war die Fertigstellung der Autobahn A 61, die mit einem großen Brückenschlag bei Bad Neuenahr die Ahr überquert und die seither auch aus weiteren Entfernungen einen beschleunigten Zugang zur Region ermöglicht. Bei Arbeiten an der Umgehungsstraße von Ahrweiler fand man 1980 die Reste einer Römischen Villa und konnte sie ausgraben – ein sensationeller Fund, für den ein eigenständiges Museum eingerichtet wurde.

Einschneidend war die Bonn/Berlin-Entscheidung des Deutschen Bundestages vom 20. Juni 1991, mit der Berlin zur Hauptstadt Deutschlands erkoren wurde. Mögliche Nachteile, die der „Bundesstadt Bonn" mit ihren Nachbarregionen erwachsen wären, wurden aber durch das Ausgleichsabkommen vom 29. Juni 1994 abgefangen, das zu diesem Zweck zwischen dem Bund und der Stadt Bonn unter Einbeziehung des Rhein-Sieg-Kreises und des Kreises Ahrweiler geschlossen wurde. Letztendlich kann man feststellen, dass das Ziel dieses Abkommens erreicht wurde und der Ahrregion kein Schaden aus dem Hauptstadtumzug nach Berlin erwuchs. Wichtig waren auch noch die 1995 getroffenen Standortentscheidungen für die Fachhochschule im Kreis Ahrweiler (Remagen), das Technologiezentrum in Sinzig, den Technologiepark in der Gemeinde Grafschaft und zur Europäischen Akademie für Technikfolgenabschätzung. Geblieben ist allerdings noch der alte Regierungsbunker unter den Ahrbergen bei Marienthal, der einst den Deutschen Bundestag und die Regierung vor einem Atomangriff schützen sollte – und den heute eigentlich niemand mehr haben will. Sein Unterhalt ist zu teuer geworden und seine Notwendigkeit ist niemandem mehr zu erklären. Der Bund hat ihn aufgegeben.

Und so bietet sich heute das Ahrtal als ein vielfältig strukturiertes Reise- und Erholungsgebiet dar, das gleichfalls durch eine moderne mittelständische Industrie geprägt ist, die zusammen mit dem Fremdenverkehr und den Kulturangeboten die wirtschaftliche Grundlage der Region bildet. Hier kommen Naturfreunde, Erholungssuchende, Wanderer und Radler gleichermaßen wie Weinkenner und Gourmets auf ihre Kosten!

Der Ahrwein

GESCHICHTE DES WEINBAUS AN DER AHR

Von den verschiedenen Weinrebenarten, die seit dem erdgeschichtlichen Zeitalter des Tertiär nachgewiesen sind, hat offensichtlich nur eine die Eiszeit im europäisch-kaukasischen Kulturraum überlebt: die wilde Weinrebe Vitis vinifera ssp sylvestris, die auch als Vitis sylvestris beschrieben wird. Ihr Stamm kann bis zu sechzig Zentimeter dick werden. Unsere von dieser Wildrebe abstammende Kultur-Weinrebe zählt zu den frühen Nutzpflanzen der Menschheit. Bereits in der frühen Antike wurden im Zweistromland, in Ägypten und beispielsweise auch in Indien Trauben gelesen und zu einem Getränk verarbeitet, das vielleicht noch nicht ganz unseren heutigen Vorstellungen vom Wein entspricht. Auch in Amerika wachsen verschiedene Weinrebenarten, doch die Indianer als amerikanische Ureinwohner haben keinen Nutzen aus ihnen gezogen.

WEIN IN DER ANTIKE

Aus der ursprünglich wilden eurasischen Weinrebe wurde unsere „Edel"-Weinrebe Vitis vinifera ssp vinifera gezüchtet. Griechen und Römer waren wahre Meister im Weinbau. Die Griechen verbreiteten ihn in ihren süditalienischen, südfranzösischen und spanischen Kolonien. Mit der Ausbreitung des Römischen Reichs gelangte der Weinbau dann auch in die nördlich der Alpen gelegenen Provinzen. Zunächst einmal ging es der römischen Verwaltung darum, die Versorgung der Truppen in Burgund und in Britannien sowie an Rhein und Mosel mit Wein zu gewährleisten. Doch auch für die Bevölkerung in den Römischen Provinzen wurde Wein zu einem immer beliebteren Getränk. So waren dann im 4. Jahrhundert schon die Hänge von Rhein und Mosel und wohl auch der Ahr mit Reben bepflanzt.

AHRWEIN IM MITTELALTER

Mit dem Niedergang des Römischen Reiches ging es auch mit dem Weinbau in Deutschland bergab. Doch Karl der Große, der große Förderer der Landwirtschaft, der mit der Durchsetzung der Dreifelderwirt-

> **Der General-Anzeiger schreibt über den Weinbau an der Ahr:**
>
> Die Römer brachten den Wein an die Ahr. Am neuen Standort lässt sich sein Siegeszug bis ins achte Jahrhundert zurückverfolgen. Trotz nördlicher Breiten erreicht das mediterrane Gewächs hier seine Vollendung. Grund sind die Bodenbeschaffenheit und das milde Klima im engen, gewundenen Flusstal im Regenschatten der Hocheifel, wo die Sonne das Land verwöhnt. In den Steillagen speichern die Steine die Wärme und geben sie während der Nacht ab – nach dem Prinzip einer Nachtspeicher- und Fußbodenheizung. Die Römer haben das Prinzip genutzt, indem sie die Steine zu mächtigen Terrassenmauern aufschichteten, was die Steilhänge besser nutzbar macht und die Speicherleistung erhöht. So entstand nebenbei eine reizvolle Kulturlandschaft. Generationen von Winzern haben dazu beigetragen, dass sie erhalten bleibt.

schaft die Ertragskraft der mittelalterlichen Böden nachhaltig steigerte, widmete sich auch dem Weinbau. Auf ihn geht auch die Einrichtung der Straußwirtschaft, auch Buschenschank genannt, zurück.

Nach der Jahrtausendwende waren es dann die Klöster, die die Vorreiterrolle im Weinbau übernahmen. Primär ging es ihnen darum, die Versorgung mit Messwein für das Kloster selbst und die von ihm abhängigen Kirchen zu gewährleisten.

Über seine liturgische Funktion hinaus gewann der Wein auch als Getränk und als Handelsgut an Bedeutung. Durch Zusatz von Honig, Sirup und Gewürzen wurde er genießbarer gemacht. Darüber hinaus war die Traube auch aus anderen Gründen von großem Interesse, lieferte sie doch in der Reife mehr Zucker als andere Obstarten – reiner Zucker war nämlich im Mittelalter sehr teuer. So bestand ein grundlegendes wirtschaftliches Interesse darin, den Wein qualitätsvoller zu gestalten. Auch hierin waren die Mönche führend.

Erste Nachrichten über den nachrömischen Weinbau an der Ahr stammen aus dem Jahr 770, in denen von Weinbergen ad Aram gesprochen wird. In der ersten Hälfte des 9. Jahrhunderts gibt es weitere Hinweise auf Weinbau an der Ahr, so aus Lohrsdorf, aus Granheim – einem nicht mehr existierenden Ort an der untern Ahr – sowie beispielsweise aus Sinzig.

Für den Weinbau an der Ahr war die Abtei Prüm mit ihrem großen Landbesitz von entscheidender Bedeutung. Das Prümer Urbar in seiner 1222 von Caesarius gefertigten Abschrift mit Kommentierung gibt Auskunft über die Besitzverhältnisse der Abtei an der Ahr, ihre Fronhöfe und die von diesen abhängigen Hufen. Gerade für Ahrwei-

Geschichte des Weinbaus an der Ahr

ler wird dabei deutlich, welche große Rolle der Wein im Rahmen der Bewirtschaftung der in Prümer Besitz befindlichen Ländereien spielte. Danach besaß Prüm im Jahre 893 in Ahrweiler einen Herrenhof mit etwa 50 Morgen Land (ca. 16 Hektar). Dieser Fronhof hatte seinen Standort an der Westgrenze des heutigen Marktplatzes. Zu ihm gehörten 29 Hufen und weitere fünf Hufen außerhalb. Jede dieser Hufen hatte 30 Morgen Land. Doch hatte schon zu diesem Zeitpunkt die Pitternwirtschaft (auf Weinbau spezialisierte Betriebe) die allgemeinen Landwirtschaftsbetriebe im Raum Ahrweiler weitgehend abgelöst – für Weinbaubetriebe kann man wohl auch von kleineren Flächen ausgehen. Auch verfügte der Fronhof neben seinen Landwirtschaftsflächen hinaus über Weinberge, die als Herrenweinberg selbst bewirtschaftet wurden.

Letztlich macht das Prümer Urbar auch noch Angaben über die auf seinen Flächen erwirtschafteten Erträge und die darauf zu leistenden Abgaben und persönlichen Dienste (= Fronde). Danach wurden im Jahre 893 in Ahrweiler 76 Fuder Wein für die Abtei Prüm geerntet, davon 44 Fuder auf den Her-

> **Exkurs: Messwein**
>
> Zur Feier der Heiligen Messe vorgesehener Wein. Das deutsche Messweinstatut von 1972 lässt alle deutschen Qualitätsweine als Messweine zu. Schärfere Bestimmungen gelten für ausländische Messweine – hier sind entweder ein Leumundszeugnis oder das Prüfergebnis einer amtlichen Untersuchungsstelle vorgeschrieben. Das Kennzeichnungsrecht schreibt vor, dass Empfehlungen über die Eignung eines Weins zu religiösen Zwecken (Abendmahlswein, Messwein, koscherer Wein) nur im Geschäftsverkehr mit religiösen Einrichtungen gegeben werden dürfen.

Geschichte des Weinbaus an der Ahr

renhofflächen, auf den verlehnten Weinbergsparzellen also 32 Fuder. Das damalige Grundmaß für Weinerträge war der Eimer (situla); fünf Eimer ergaben ein Ohm, sechs Ohm ein Fuder (1000 Liter). Die auf den Hufen wirtschaftenden abhängigen Hintersassen hatten als Naturalabgaben beispielsweise Mist, Saatgut und Erntegut abzuliefern. Auch die nicht auf Weinbau spezialisierten Hintersassen mussten 1 situla Wein abgeben, bei den Hintersassen auf Pittern (Weinbergsparzellen) betrugen die Abgaben zwischen 20 situlen und 10 Fudern. Die Fronde bestanden im Bestellen des Herrenlandes, auch mussten die Hintersassen Transportleistungen erbringen, Brot backen, Bier brauen etc., ihre Frauen den Herrengarten pflegen. Aber eine Fronde im Herrenweinberg gab es nicht, wahrscheinlich weil sich der Weinbau schon zu einer zu stark spezialisierten Tätigkeit entwickelt hatte.

Der General-Anzeiger schreibt über die Not der Ahrwinzer im 19. Jahrhundert:

Die Krise hatte sich in den 30-er Jahren des 19. Jahrhunderts angebahnt, als die Ernten zwar reich waren, aber Abnehmer für den Wein fehlten. Ursprünglich hatten die Weinbauern an feste Privatkunden verkauft. Aber Ende der 30er Jahre schob sich der Weinhandel zwischen Produzenten und Abnehmer. Die Händler änderten das System, verkauften den Wein nicht fassweise, wie zuvor die Winzer, sondern boten ihn auch in kleinen Mengen an. Und das Volk kaufte seine Schoppen nun lieber beim Händler. Der erweiterte das Angebot durch gesüßte, gefärbte und mit billigem Südwein verschnittene Produkte. Die Winzer der Ahr blieben auf ihrem herben Naturwein sitzen. Aus der Not wanderten zwischen 1839 und 1860 von 705 Mayschoßer Einwohnern 85 Winzer nach Amerika aus.

Geschichte des Weinbaus an der Ahr

Als Caesarius das Prümer Urbar 1222 abschrieb, sahen die Besitz- und Abgabenverhältnisse in Ahrweiler schon ganz anders aus. Fronde konnten zunehmend durch Geldabgaben abgegolten werden. Von den 29 Hufen, die zum Prümer Herrenhof gehörten, waren gerade noch sieben verblieben, die offensichtlich aber bis zum 17. Jahrhundert bei der Abtei verblieben. Durch den hohen Spezialisierungsgrad der Weinbergbestellung konnten sich vor allem die Winzer schon stärker aus der Bindung an den Fronhof lösen. Vor allem die im Laufe des Mittelalters zunehmend vorgenommene Terrassierung der Steillagen an der Ahr erschloss dem Weinbau neue Kultivierungsflächen, die aber außerordentlicher Pflege bedurften, um ihre Erträge auch auf Dauer zu sichern. Die Fronde als persönliche Dienstleistungen stellten im Rahmen der aufkommenden Geldwirtschaft auch immer höhere Verwaltungsbelastungen für die Ländereien der weit entfernten Abtei Prüm dar. So ergab es sich im Laufe des weiter fortschreitenden Mittelalters, dass die Abtei Prüm von der führenden Rolle als Grundbesitzer in Ahrweiler durch andere Klöster abgelöst wurde.

Der General-Anzeiger schreibt über Wein-Qualität:

Von überzähligen Trieben befreien die Winzer ihre Rebstöcke Jahr für Jahr, denn Qualität statt Quantität heißt die Devise. Je weniger Trauben ein Weinstock ernähren muss, desto gehaltvoller wird der Extrakt der Früchte. Mit den abgeschnittenen Ranken lassen sich die bleibenden Fruchtruten am Weinbergspfahl festbinden. Denn auch eine optimale Führung der Triebe ist Voraussetzung für gehaltvolle Früchte.

Geschichte des Weinbaus an der Ahr

In einer Straußwirtschaft an der Ahr

WEINBAU AN DER AHR IM ÜBERGANG ZUR NEUZEIT

Zwei grundlegende Veränderungen beeinflussten am Ende des Mittelalters auch den weiteren Weinbau an der Ahr. Zum einen handelt es sich um den Übergang von der Naturalwirtschaft zur Geldwirtschaft und zum anderen um den Niedergang der Klosterkultur. Beides wirkte sich nachteilig auf die weitere Entwicklung der Rebkulturen – nicht nur an der Ahr – aus. Immerhin soll im 16. Jahrhundert die Rebfläche in Deutschland noch 300.000 Hektar betragen haben – die dreifache Fläche gegenüber der heutigen Kulturfläche!

Das Prümer Urbar weist neben den Weinbergen in Ahrweiler auch weitere Weinberge in Pützfeld, Kreuzberg, Vischel, Dernau, Bodendorf und Remagen auf. Auch wissen wir, dass weitere Klöster im Ahrgebiet mit Weinbergen begütert waren, so vor allem die Abteien und Stifte Klosterrath, Marienthal, Steinfeld, Sayn, Deutz, Maria Laach, Niederehe, Himmerod, Münstereifel, das Servatiusstift in Maastricht, das Cassiusstift in Bonn, das Aachener Marienstift und etwa auch das Domkapitel in Köln. Ab dem 11. Jahrhundert weisen dann Urkunden auch ersten privaten Besitz von Würdenträgern, Bürgern und Geistlichen im Ahrgebiet aus.

Gerade die Geldwirtschaft bereitete den Winzern im abgelegenen, marktfernen Ahrtal große Probleme, weil die oft fernen Grundbesitzer den Pachtzins nunmehr in Geld verlangten. Zudem waren Weinsteuern zu bezahlen, die an die Stadt Ahrweiler zu entrichten waren. Die Stadt verpachtete diese Akzise an einen Steuerpächter, der der Stadt den vereinbarten Preis auszahlte und dafür bei den Winzern den Ausgleich eintrieb. Ähnliche Akzisen waren im Saffenburger Ländchen üblich. Darüber hinaus wirkten sich die Kriege des 17. und beginnenden 18. Jahrhunderts insbesondere im Ahrtal verheerend aus und setzten den Niedergang des Weinbaus hier weiter fort.

Mit der im Zuge der Französischen Revolution erfolgten Säkularisierung wurden die Klöster aufgehoben – und damit war es mit ihrem Einfluss auf den Weinbau auch an der Ahr endgültig vorbei. Doch waren zu diesem Zeitpunkt die Weinparzellen an der Ahr schon weit überwiegend in bürgerlichem Besitz. Hatten sich in der vornapoleonischen Zeit die durch die deutsche Klein-

Exkurs: Straußwirtschaft

Karl der Große förderte nicht nur den Weinbau, sondern auch die Weinvermarktung. Ein Winzer konnte seinen eigenen Wein ausschenken, wenn er einen Kranz oder einen Strauß (Buschen) vor die Tür hängte.

Bis heute kann ein Winzer, der kein konzessionierter Gastwirt ist, mit seinen Weinen eine Straußwirtschaft in seinem Haus über vier Monate im Jahr betreiben und dazu zum Wein passende Speisen anbieten. Weinfreunde schätzen an der Straußwirtschaft neben dem direkten Kontakt zum Winzer und den meist günstigen Preisen vor allem ihre gemütliche Atmosphäre.

Geschichte des Weinbaus an der Ahr

staaterei bedingten Grenzen mit ihren hohen Zöllen sehr nachteilig für den Weinhandel ausgewirkt, so wurden mit der napoleonischen Liberalisierung den Winzern an der Ahr erstmals Märkte geöffnet, die ihnen bislang verschlossen gewesen waren. Nunmehr waren beispielsweise Lieferungen nach Belgien und Holland möglich, die den Winzern an der Ahr neue wirtschaftliche Perspektiven eröffneten. Doch in diesem einheitlichen französischen Schutzzollsystem konnten auch Franzosen ihren Wein an den Rhein liefern – oft preiswerter, als die Ahrwinzer ihren Wein erzeugten. Der „Weinboom" an der Ahr hielt also nicht lange an.

Vorreiterrolle der Winzergenossenschaften

Als am Ende der napoleonischen Ära das Rheingebiet 1815 an Preußen kam, waren die Ahrwinzer im preußischen Zollverbund geschützt – diese für sie günstige Situation hielt aber nur bis 1833 an, als Preußen dem Norddeutschen Zollverein beitrat. Nun kam für die Ahrwinzer eine Zeit niedriger Fassweinpreise, die kaum mehr die Kosten der Gestehung deckten. Die Verschuldung der Winzer nahm bedenkliche Formen an, und Weine mehrerer Ernten, die sich kaum noch verkaufen ließen, lagerten in Ihren Kellern.

Und dann richtet die Ende des 19. Jahrhunderts aus Amerika eingeschleppte Reblaus allergrößten Schaden an fast allen europäischen Rebkulturen an.

Der erste Reblausbefall wurde am 17. November 1874 auf der Domäne Annaberg bei Bonn durch Professoren festgestellt. Ein möglicherweise noch älterer Herd an der Landskron wurde erst etwas später erkannt. Wenig später waren 200 Hektar Rebfläche an der Ahr befallen. Nach vergeblichen Versuchen der Schädlingsbekämpfung half auch hier nur das Aufpfropfen europäischer Edelreben auf amerikanische Unterlagsreben, um den Weinbau auch an der Ahr weiter zu ermöglichen.

Die Notsituation der Winzer an der Ahr war schon vor dem Reblausbefall so groß, dass hier einzig noch Selbsthilfe einen Ausweg bot. Der Gedanke, sich zu einer Verkaufsgenossenschaft zusammenzuschließen, keimte erstmals in Mayschoß. So wurde Ende 1868 der „Mayschosser Winzerverein" als erste Winzergenossenschaft Deutschlands, gar der ganzen Welt, gegründet. Vor allem ging es darum, sich auch den Absatzmarkt in Kleingebinden zu eröffnen, den bis dahin ausschließlich die Weinhändler, von denen die Ahrwinzer immer abhängiger geworden waren, bedienten. Um die kleineren Gebinde anschaffen zu können, bürgten sie gegenseitig für sich bei der Ahrweiler Kreis-

Exkurs: Reblaus

Aus Amerika im 19. Jahrhundert nach Frankreich eingeschleppte Zwerglaus (Viteus vitifolii), die sich schnell über die europäischen Weinbaugebiete ausbreitete und 1874 Deutschland erreichte. Dieser Rebschädling bohrt die Wurzeln europäischer Reben an und saugt ihnen die Nährstoffe ab, bis sie eingehen. Da die Reblaus keine Wurzeln amerikanischer Rebsorten schätzt, besteht ihre wirksamste Abwehr darin, europäische Edelreben auf amerikanische Unterlagsreben aufzupfropfen – ein Veredelungsverfahren, wie es auch aus dem Obstbau bekannt ist. Seit Ende des 19. Jahrhunderts wird nach dieser „natürlichen" Bekämpfungsmethode verfahren, und die Reblaus stellt in Deutschland kein ernst zu nehmendes Problem mehr dar.

Geschichte des Weinbaus an der Ahr

Historisches Weinfaß in Ahrweiler

sparkasse. Der eigenständige Verkauf über den Winzerverein lief schnell an, schon zwei Jahre später konnte von der Genossenschaft ein eigenständiger Verkaufsvertreter eingestellt werden.

Die Winzer der anderen Orte an der Ahr sahen den Erfolg des Mayschosser Winzervereins. Kurzfristig darauf folgten als weitere Gründungen von Winzervereinen Walporzheim (1871) und an der Landskron noch im gleichen Jahr, es folgten Heimerzheim zwei Jahre später, ebenso Dernau – bis zum Ende des 19. Jahrhunderts gab es zwanzig Winzergenossenschaften an der Ahr!

Die Winzergenossenschaften waren aber nicht nur im Vertrieb tätig. Sie leisteten Beratungshilfen, so vor allem in Fragen der Düngung, geeigneter Rebsorten – und natürlich auch bei der Umstellung auf neue Unterlagsreben im Zuge des Reblausbefalls. Heute kann man eindeutig feststellen, dass die Winzergenossenschaften eine neue wirtschaftliche Basis für die Winzer an der Ahr bereiteten, und somit der Weinbau erhalten bleiben konnte – ein Tatbestand, der gerade für den Tourismus von entscheidender Bedeutung ist. Dem 20. Jahrhundert blieb es vorbehalten, zu dieser wirtschaftlichen Grundlage auch eine neue qualitative Grundlage zu schaffen, damit die Ahrweine den gestiegenen Verbrauchervorstellungen im Inland und den Anforderungen der internationalen Märkte gerecht werden.

Der „Qualitätssprung" an der Ahr

Doch zunächst einmal verlief die Weingeschichte der Ahr nach dem Zweiten Weltkrieg gar nicht in Richtung Qualität. Die Situation kann kurz mit dem Beginn eines damals populären Ahr-Gedichtes umschrieben werden: „Wer an der Ahr war und weiß, dass er da war, war nicht an der Ahr!". Zwar erbrachte der einsetzende Tourismus der Ahr Impulse für den Wiederaufbau, doch musste sich die Region auch mit den Nachteilen eines neuartigen Naherholungs-Tourismus auseinandersetzen – und dies insbesondere, was den Wein anbetraf. Kegeltouren und Betriebsausflüge aus den expandierenden Wirtschaftszentren an Rhein und Ruhr spie-

> **Exkurs: Unterlagsreben**
>
> Rebsorten, deren Holz bei der Rebveredelung als Träger der Edelrebe („Edelreis") dienen. Hierzu wird der Unterlage ein etwa zwanzig Zentimeter langer Trieb des edlen Rebstocks, der im Laufe eines Sommers gewachsen und im folgenden Herbst gereift und verholzt ist, aufgepfropft.

Geschichte des Weinbaus an der Ahr

Historische Veranstaltung in Ahrweiler

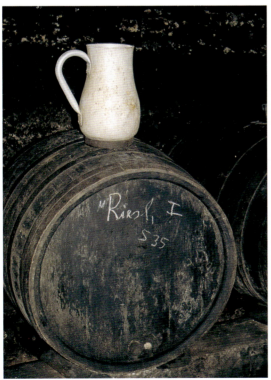
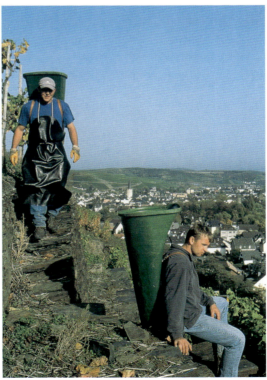

In einem Winkeller in Rech

Bei der Weinlese

gelten die Erlebniswelt der neuen Kurzurlauber wider. Vor allem der Wein musste dabei reichlich fließen. Spätestens nach ein paar Glas kam es nur noch auf die Menge an. Und das boten die Winzer von der Ahr – süffige Rotweine.

Und so beherrschte dieses Bild vom Ahrrotwein bald die Vorstellungen der Verbraucher. Das wahre Rotweinparadies versteckte sich immer mehr hinter der Kulisse reichlich vorhandener roter Tafel- und Landweine. Doch das Paradies war nicht verloren. Eine Generation von jungen Winzern wuchs heran, die ein neues Qualitätsideal anstrebte. Und diesen „jungen Wilden" ist es gelungen, ein völlig neues Bild vom Ahrwein zu präsentieren. Hochwertige rote, aber auch niveauvolle Weißweine traten immer mehr in den Vordergrund des Weinangebots der Ahr. Die Fachwelt wurde auf das neue Ahrprofil aufmerksam, und es hagelte auf einmal Auszeichnungen aller Art. Spätestens, seit Werner Näkel vom Weingut Meyer-Näkel in Dernau zum „Winzer des Jahres 2001", und Jean Stodden aus Rech zum „Aufsteiger des Jahres 2002" gekürt worden waren, wurde auch der breiten Öffentlichkeit die Rotwein-Revolution an der Ahr bewusst.

Parallel zum Wein hat auch die Gastronomie an der Ahr einen Qualitätssprung vollzogen. Sicherlich hat es hier schon immer die Qualitätsstempel wie das „Sanct Peter" gegeben, doch mittlerweile konnte sich eine ganze Bandbreite hochwertiger Restaurants und Weinlokale an der Ahr etablieren. Und die Ahr präsentiert heute ihre kulinarischen Höhepunkte bei der Spitzenveranstaltung „Gourmet & Wein Gala" jeweils am 2. Samstag im Januar im Barocksaal des Neuenahrer Kurhauses.

• Gourmet & Wein Gala: Information und Buchung: Tourismus & Service GmbH Ahr Rhein Eifel, 53474 Bad Neuenahr, Felix-Rütten-Straße 2, Tel.: (02641) 97 73 - 0, Fax: (02641) 97 73 723, E-Mail: info@wohlsein365.de, Internet: www. wohlsein365.de

Exkurs: Schlahrvino – die „Jungen Wilden" von der Ahr

Es tut sich etwas an der Ahr – die Junioren von fünf renommierten Ahr-Weingüter schlossen sich zusammen, um eine gemeinsame Cuvée vom Spätburgunder zu entwickeln. Dies sind Heiko und Paul-Michael Schäfer vom Weingut Burggarten in Heppingen, Markus und Sven Coels vom Weingut Coels in Ahrweiler, Markus, Michael und Gerd Kriechel vom Weingut Kriechel in Ahrweiler, Alexander Stodden vom Weingut Jean Stodden in Rech und Marc Linden vom Weingut Sonnenberg in Bad Neuenahr. Jeder der Betriebe stellte hierfür 200 Liter seiner besten Spätburgunder zur Verfügung. Die Jungwinzer probierten die Weine gemeinsam und blind und stellten dabei die Cuvée zusammen. Anfang April 2003 wurden die Weine dann im Weingut Jean Stodden zusammengelegt. Dort erfolgte auch die weitere Vinifizierung. Das Einmalige und gleichermaßen Neuartige an diesem Wein ist, dass erstmals in der Geschichte der Ahr so eine gemeinsame Cuvée von fünf unterschiedlichen Betrieben entstanden ist. Präsentiert wurde diese hochwertige Spätburgunder-Cuvée erstmals anlässlich einer Präsentationsveranstaltung im Sinziger Schloss am 2. August 2003 – daher auch der Name „Schlahrvino" dieser neuen Cuvée. Mit dem neuartig zusammengestellten Qualitätswein wollen die Jungwinzer vor allem die junge Zielgruppe ansprechen. Übrigens: Von jeder verkauften Flasche spenden die Schlahrvino-Jungwinzer 0,50 Euro an Unicef.

Geschichte des Weinbaus an der Ahr

Herbst in den Weinbergen

Rebe in frühem Wuchsstadium

Die Rebsorten der Ahr

Es hat an der Ahr schon immer das Nebeneinander von „roids und weis weyns" gegeben, denn schon Ende des 15. Jahrhunderts unterschieden die Herren von Ahrweiler die beiden Weintypen bei ihren Rechnungen. Doch die Dominanz des Rotweins ist typisch für die Region – das Ahrtal ist nun einmal das ausgeprägteste deutsche Rotweingebiet. Zu Beginn des 20. Jahrhunderts waren über 90 Prozent der Rebgärten mit roten Rebsorten bepflanzt! Heute sind es immerhin noch über 85 Prozent. Wie stark die Dominanz der roten Reben an der Ahr ist, zeigt sich im Vergleich zur gesamten Rebfläche Deutschlands von knapp über 100.000 Hektar, die „nur" zu 30 Prozent mit roten aber zu 70 Prozent mit weißen Reben bestockt ist.

Die Einführung der Burgunder-Reben, die bis heute das Rebsortenspektrum an der Ahr dominieren, geht im Übrigen noch auf das 18. Jahrhundert zurück, unter anderem auch mit der Begründung, dass diese Rebsorte in Assmannshausen so vortrefflich gedeiht – und bis heute ist der Blaue Spätburgunder die für den Weinbau an der Ahr wichtigste Rebsorte – und der Blaue Frühburgunder eine besondere Spezialität der Region. Von den 520 Hektar Rebfläche an der Ahr sind etwas über 300 Hektar mit dem Blauen Spätburgunder bepflanzt, was an die 60 Prozent dieser Fläche entspricht. Es folgt der Blaue Portugieser mit knapp 70 Hektar (= 13 Prozent). Der Riesling als wichtigste Weißweinrebe der Ahr bestreitet eine Fläche von 40 Hektar (= 8 Prozent), die Müller-Thurgau-Rebe nur etwas weniger.

Der **Blaue Spätburgunder** ist die Stammform zahlreicher Burgunder (Pinot)-Sorten. Wie sein Name schon sagt, stammt er aus Burgund, und soll schon in karolingischer Zeit nach Deutschland gekommen sein. Der Spätburgunder ist Deutschlands wichtigste Rotweintraube, in Frankreich als Pinot Noir bezeichnet.

Das kaum gebuchtete Blatt der Spätburgunderrebe ist wenig gelappt, seine mittelgroßen Trauben sind dichtbeerig und walzenförmig angelegt, die kleinen rundlich bis ovalen Beeren sind rostrot bis tiefrot und dünnschalig. Die Spätburgundertraube ergibt rubinfarbene, vollmundige, samtige Weine mit fruchtigem, an Mandeln erinnerndem Aroma, das auch als Burgunderton bezeichnet wird. Ihr süßlicher Duft variiert von Erdbeere über Kirsche und Brombeere bis hin zu schwarzer Johannisbeere. Damit nimmt der Blaue Spätburgunder unter den deutschen Rotweinen die qualitative Spitzenposition ein, die der Riesling unter den Weißweinen hat.

> ### Exkurs: Bukett
>
> Das Bukett (Blumenstrauß) eines Weins stellt die Gesamtheit seiner charakteristischen Geschmacks- und vor allem Geruchsstoffe dar. Es bildet sich in der Traube und vor allem im gärenden Wein und ist nach Rebsorte und Jahrgang sehr unterschiedlich. Besonders der vollreife Riesling zeichnet sich durch eine außerordentliche Fülle an Bukettstoffen aus.

Die Rebsorten der Ahr

> **Der General-Anzeiger schreibt über die Spätburgunderrebe:**
>
> „Voll, körperreich und wuchtig" präsentieren sich die Spätburgunder von den tiefgründigen Böden des unteren Ahrtals. Mineralischer, mit mehr Nuancen und etwas mehr „Biss" entwickeln sie sich auf den steinigen Böden aus Schiefer und Grauwacke des mittleren Ahrtals. Die Übergänge sind fließend und von Jahr zu Jahr, von Erzeuger zu Erzeuger unterschiedlich stark ausgeprägt.

Übrigens wurde der Burgunder früher an der Ahr vor der Gärung gekeltert, so dass der Wein dadurch eine eher hellrot-blasse Farbe erhielt, was ihm den Namen „Ahrbleichert" eintrug. Doch schon zu Kinkels Zeiten Mitte des 19. Jahrhunderts wurde das Verfahren zugunsten einer tieferen Färbung geändert, wie er selbst ausführt: „...denn längst hat man die französische Weinbereitung eingeführt, welche vor dem Keltern den Farbstoff auszieht und so gerade einen sehr dunklen Wein gewinnt."

Der Blaue Spätburgunder ist in guten Lagen und auf tiefgründigen, nährstoffreichen, nicht zu trockenen Böden bestens aufgehoben und ergibt dann gute bis hohe Erträge. Der klassische Ausbau ergibt aus hochreifen Trauben beste deutsche Spätburgunderweine, zunehmend erfolgt auch der „Barrique"-Ausbau, der den Spätburgunder gerbstoffreicher macht und ihm eine noch kräftigere rote Farbe verleiht.

Manche der Eigenschaften des Blauen Spätburgunders wirken sich besonders günstig für seine Kultivierung an der Ahr aus. Dazu zählen sein hoher Frostwiderstand, der erst mittelfrühe Blattaustrieb und die frühe Reife. Dagegen ist sein Anspruch an den Boden sehr hoch, höher als manche Lagen bieten können. Es ist das große Verdienst der neuen Winzergeneration an der Ahr, bei der Lagenauswahl für Neuanpflanzungen des Blauen Spätburgunders besonders sorgfältig vorzugehen, um dann beim Ausbau das große Potential dieser Rebe gezielt ausschöpfen zu können.

Im Gegensatz zum Blauen Spätburgunder ist der **Blaue Frühburgunder** eine Rarität in Deutschland, auch an der Ahr. Es handelt sich um eine Mutation des Blauen Spätburgunders, die in der Farbe etwas heller und geschmacklich etwas leichter – aber dafür süffiger – ist. Die Sorte erbringt etwas kleinere, dunkelblaue Beeren. Sie verlangt mindestens mittlere Lagen bei tiefgründigen Böden und kann früh geerntet werden – Voraussetzungen, die für die Ahr vorteilhaft sind. Der Blaue Frühburgunder ergibt bei gekonntem Ausbau körperreiche, fruchtige Weine von hoher Qualität. Ihr weiches und duftiges Aroma wird gerade von Kennern geschätzt!

> **Der General-Anzeiger schreibt über die Frühburgunderrebe:**
>
> Die Rebe entstammt einer Laune der Natur. Zwischen den Rebstöcken des Klassikers der Rotweine, des Spätburgunders, tauchten immer wieder einige auf, deren Trauben erheblich früher reiften. Durch Auslese und gezielte Weiterzucht entstand die neue Sorte, die sich auch geschmacklich vom Spätburgunder unterscheidet – beste Qualitäten erreicht der Frühburgunder bei Ausbau im kleinen Fass aus neuem Eichenholz, dem Barrique.

Die Rebsorten der Ahr

Die zweitwichtigste Rotweinsorte der Ahr wird aus dem **Portugieser** gewonnen. Ihre Abstammung aus Portugal ist wenig wahrscheinlich – vermutlich ist sie ursprünglich im Donauraum.

Das Blatt der Portugieserrebe ist groß, grün glänzend und drei- bis fünflappig, ihre mittelgroßen Trauben sind dichtbeerig, ihre pflaumenblauen Beeren rund bis oval. Ihr Duft und Geschmack ist verhalten, fast neutral, erinnert feinfruchtig an Erdbeeren, trägt manchmal einen Pfefferton und weist eine milde, etwas betontere Säureausprägung als beim Burgunder auf. Die hellroten Weine aus der Portugieserrebe sind insgesamt einfach und unkompliziert – gute Schoppenweine. Auch bauen die Winzer ihn gerne als Weißherbst aus.

Insgesamt liefert die Portugieserrebe hohe Erträge bei guten Mostgewichten. Sie reift früh bis mittelfrüh. Für die Ahrwinzer ist der Portugieser wichtig, weil er auch auf den Böden, die nicht mehr primär für den Spätburgunder geeignet sind, noch ertragssicher ist, auf den Grauwacke-Verwitterungsböden sogar besser als die Burgunderrebe gedeiht. Von Nachteil für den Winzer ist die größere Frostempfindlichkeit des Portugiesers gegenüber dem Spätburgunder.

Die **Domina**-Rebe ist eine Kreuzung aus Portugieserrebe mit der Spätburgunderrebe. Sie gewinnt an Bedeutung, da sie die Vorzüge beider Rebsorten für die Wuchsbedingungen an der Ahr in günstiger Weise miteinander verbindet. Die Rebsorte hat hohe Lage- aber geringe Bodenansprüche. Sie reift früh und ergibt farbintensive, körperreiche Weine von angenehmer Art, meist Säure- und Gerbstoff betont. Im Duft erinnern sie dezent an Brombeeren – gepaart mit einem leichten Rauchton. Gerade die junge Winzergeneration an der Ahr experimentiert gerne mit dieser Neuzüchtung.

> **Exkurs: Ausbau**
>
> Im Fass oder Behälter entwickelt sich der Wein zu seiner vollen Reife, er „baut" aus. Insgesamt wird mit dem Begriff „Ausbau" die Summe aller kellertechnischen Maßnahmen zusammengefasst, die den Wein konsumfertig und lagerfähig machen. Dazu gehören beispielsweise die Gärung, der Abstich (Umfüllen des Weins von einem Behälter in einen anderen unter gleichzeitiger Abtrennung der Trübstoffe), die Klärung, das Schwefeln, der Verschnitt, die Lagerung in Holz- oder Stahlbehältern, die Abfüllung und die Reifung in der Flasche.

Die **Dornfelder**-Rebe ist die erfolgreichste rote Neuzüchtung in Deutschland. Sie ergibt schwarzrote Weine, deren Duft und Geschmack fruchtig sind und an Himbeeren und Brombeeren erinnern. Die Säureausprägung ist betont und gerbstoffreich. Weine dieser Rebsorte werden an der Ahr gerne auch im Barrique ausgebaut.

Der **Riesling** ist die prominenteste deutsche Weißweinrebe, die auch zu den ganz alten Sorten zählt. Ihre Kultivierung ist seit dem 11. Jahrhundert überliefert, richtig durchgesetzt hat sie sich seit dem 17. und 18. Jahrhundert. Die Bezeichnung des Riesling kann entweder auf „Rußling" (Hinweis

auf dunkles Holz), wie aus einer urkundlichen Erwähnung in Worms aus dem Jahre 1402 hervorgeht, oder auf „Rißling" (Hinweis auf die rassige/reißende Säure) aus Anbaubelegen aus Rüsselsheim und Pfeddersheim der Jahre 1435 bzw. 1511 zurückgeführt werden.

Das Blatt der Rieslingrebe ist mittelgroß, stumpf gezähnt und fünflappig mit wolliger Unterseite, ihre mittelgroßen, dichtbeerigen Trauben sind kompakt, die mittelgroßen Rieslingtrauben im Reifezustand goldgelb und leicht schwarz gepunktet, ihr Frucht-

fleisch ist aromatisch und würzig. Der Riesling ist eine spät reifende Sorte, die noch sonnige und warme Herbsttage voll zur Charakterausprägung nutzen kann, dabei aber hohe Ansprüche an den Standort stellt – bevorzugt sind durchlässige Tonschiefer- und Urgesteinsböden in warmen Süd- und Steillagen. Unter diesen Voraussetzungen erbringt der Riesling die beste Ausprägung seiner Aromen bei ausgewogener Reife von Zucker und rassiger Säure – verbunden mit höchster Langlebigkeit. Rieslingweine zeichnen sich durch vielfältigste Geschmacksnuancen, durch ihre kräftige, harmonische Säure und durch ihr feinfruchtiges, edles Bukett nach Pfirsich, Äpfeln und Zitrusfrüchten aus.

Die **Müller-Thurgau**-Rebe zählt zu den jungen Weingewächsen. Sie wurde von Prof. Müller aus Tägerwilen im Schweizer Kanton Thurgau 1882 an der „Königlichen" Lehranstalt Geisenheim gezüchtet, in der Schweiz weiterentwickelt und trat seit den 20er Jahren des vorigen Jahrhunderts

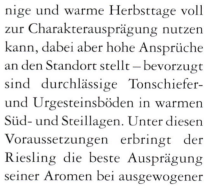

Der General-Anzeiger schreibt über die Rieslingrebe:

„Königin der Weißweinsorten" – Von den Weißweinen ist der Riesling an der Ahr am stärksten vertreten. Da er steinige Böden schätzt, gedeiht er auf den Schieferterrassen vorzüglich und beschert den Winzern feine, rassige und fruchtige Weine. Was auch ein Ergebnis des nördlichen Standortes ist.

ihren Siegeszug durch die Weingärten an.

Das Blatt der Müller-Thurgau-Rebe ist mittelgroß, siebenlappig und tief gebuchtet, die Trauben sind mittelgroß, eher lockerbeerig, die Beeren gelblichgrün und dünnschalig. Ihr Duft ist blumig mit zartem Muskataroma bei milder Säureausprägung. Die Müller-Thurgau-Weine werden wegen ihrer harmonischen Charaktereigenschaften aus zartwürzigem Aroma bei milder Säure geschätzt und haben sich im Anbau zur zweitwichtigsten Rebsorte Deutschlands entwickelt. Die Müller-Thurgau-Rebe stellt zwar geringe Ansprüche an die Lage, wohl aber große Ansprüche an den Boden, reift früh und erbringt relativ hohe Erträge. Diese Rebsorte ist inzwischen die zweitwichtigste unter den weißen Reben an der Ahr.

Exkurs: Ein Ahr-Winzer erzählt

Der Weinbaubetrieb von Herbert Zorn in Rech an der Ahr ist seit Generationen in Familienbesitz. Bis zum Ururgroßvater reichten seine Kenntnisse über den Zorn'schen Weinbau. Damals waren ihre Rebkulturen noch viel umfangreicher, seither hat die Realteilung den Besitz immer weiter unter den Familienmitgliedern aufgeteilt. Herbert Zorn besaß anfangs noch fast 1,5 Hektar Rebfläche, von denen er allein schon nicht mehr leben konnte und deshalb über 33 Jahre auch noch die Poststation in Rech betrieb. Aus Gesundheitsgründen hatte er seinen Betrieb bereits vor einiger Zeit an seinen Sohn und seinen Neffen übertragen – leider verstarb Herbert Zorn Endeg des Jahres 2003.

Vor Generationen führten die Winzer an der Ahr noch landwirtschaftliche Mischbetriebe. Urgroßvater Edmund Zorn besaß zwei Kühe, die er auch als Zugtiere einsetzte, dazu Schweine und Kleingetier - ein Pferd als Zugtier wurde erst sehr viel später angeschafft. Die fruchtbaren Talauen, in denen heute auch Rebkulturen stehen, wurden ackerbaulich zum Rüben- und Getreideanbau genutzt. Ihre Kühe hielten die Winzer im Stall, denn nur so konnte der als Dünger für die Rebkulturen erforderliche Mist erzeugt werden. Auch lagen die Wiesen in der Regel weitab auf den Höhen über dem Ahrtal. Der Urgroßvater hatte seine Weiden oberhalb von Dernau bei Esch.

Zur Zeit des Urgroßvaters wurden schon die traditionellen roten Rebsorten Spätburgunder, Frühburgunder und später auch der Portugieser angebaut, der vor etwa 100 Jahren aus dem Elsaß an die Ahr gekommen war. Unter den weißen Rebsorten war der Riesling schon lange in Kultur. Dazu gab es noch die althergebrachte Sorte Mallinger, eine hinsichtlich der Sonneneinstrahlung nicht so anspruchsvolle Sorte, die auch weniger exponierte Lagen vertrug und selbst dort noch hohe Mostgewichte erbrachte. Empfindlich war diese Rebsorte zur Blütezeit – wenn es zu trocken oder nicht warm genug war, „rieselten die Blüten durch", wie Herbert Zorn es auszudrücken pflegte. Dazu kam die ebenfalls weiße Sorte Ortlieber, die bis nach dem Zweiten Weltkrieg kultiviert wurde, deren Weine würzig und leicht in der Säure waren. Dann berichtete Herbert Zorn noch vom Kleinberger mit ergiebigen, großen Beeren, der herbere Weine ergab.

Hart war das Bauern- und Winzerleben zur Zeit der Altvorderen. Herbert und seine Frau Doris - eine Winzerstochter — fanden als Schüler bei der Heimkehr nach der Schule zuhause Zettel mit der Nachricht vor, auf welchem Acker oder auf welchem Weingarten sie sich einzufinden hätten, um mit anzupacken. Oft war die Witterung so schlecht, dass der Weinbau und auch der Ackerbau nur wenig ergaben. Urgroßvater Edmund Zorn war deshalb unter den Ersten, die zur Verbesserung der wirtschaftlichen Situation der Winzer in Rech die dortige Winzergenossenschaft im Jahre 1874 begründeten.

FREIZEIT AN DER AHR

Das heutige Erscheinungsbild des Ahrtals als Freizeit- und Erholungsregion ist für den Touristen durch eine breite Vielfalt geprägt. Zweifelsohne spielt dabei der Ahrwein eine Führungsrolle, was das Image dieser Region anbetrifft – und in dem Maße, wie die Qualität des Ahrweins gestiegen ist, verbesserte sich auch das Vorstellungsbild vom Ahrtal in den Augen der Besucher. Zu diesem verbesserten Image trug in gleicher Weise die Gastronomie bei. Die Spitzenrestaurants an der Weinahr, allen voran Steinheuer's Restaurants in Heppingen, die Idille in Bad Neuenahr, das Hohenzollern oberhalb Ahrweilers, Sanct Peter in Walporzheim und die Lochmühle in Laach haben entscheidend zu dieser Entwicklung beigetragen. Eine Leitfunktion kommt in diesem Zusammenhang der zu Beginn eines jeden Jahres stattfindenden Veranstaltung „Gourmet & Wein" im Bad Neuenahrer Kurhaussaal zu – hier tritt die Weinkönigin auf und präsentiert Spitzenweine von der Ahr, hier präsentieren Spitzengastronomen der Region ihr Können!

Gourmet und Wein: Anfang Januar jeden Jahres im Kurhaus des Steigenberger Hotels Bad Neuenahr, Karten zu je 115 Euro durch das Tourismus- und Service-Center Bad Neuenahr-Ahrweiler, Vorbestellungen unter Tel. (02641) 97 73 - 0, Internet: www.gourmet-und-wein.de

Die Winzer haben aber nicht nur mit ihren Weinen, sondern auch mit ihrer Haus-Gastronomie, den Straußwirtschaften, entscheidend am gestiegenen Renommee des Ahrtals mitgewirkt. Einige dieser Straußwirtschaften wurden mit Preisen ausgezeichnet, wie etwa die Straußwirtschaft von Erwin Riske in Dernau.

WANDERN

Doch was hätte das alles genützt, wenn nicht die Ahr auch als Wanderparadies entdeckt und entsprechend ausgebaut worden wäre. Der Rotweinwanderweg hat hierzu die Initialzündung geliefert, doch Kenner der Region wissen längst darüber hinaus die vielen ausgeschilderten Wanderwege von

Exkurs: Rotweinwanderweg

Der Rotweinwanderweg als wohl populärster Weinwanderweg von Bad Bodendorf nach Altenahr führt auf einer Länge von 35 Kilometern durch das „Tal der roten Trauben". Dieser 1972 eingerichtete Wanderweg ist ganzjährig begehbar, also auch während der Zeit der Traubenlese.

Los geht's in Bad Bodendorf (km 0), von wo der Weg leicht ansteigt und durch die Lohrsdorfer Orchideenwiesen zu den ersten Weinbergslagen gegenüber von Heimersheim (km 3,4) führt. Die nächste Station ist Heppingen (km 4,5), wo sich über dem Ort die Ruine der Landskron erhebt. Danach geht es weiter nach Bad Neuenahr (km 6,8) und entlang der Ahrpromenade bis Bachem (km 9,4). Als Etappenziel folgt nun Ahrweiler (km 13,5), dessen historische, mit Türmen bewehrte Stadtmauer schon von weitem zu sehen ist. Danach folgt Walporzheim (km 16,9), wo der Weinbaulehrpfad hinunter ins Tal führt (siehe Abschnitt Walporzheim). Über den Weinort Marienthal (km 20) mit seiner Klosterruine führt der Weg weiter nach Dernau (km 24) und Rech (km 28), wo das Ahrtal enger wird. Nun streift der weitere Weg die extremen Steillagen über der Ahr – vielleicht der schönste Abschnitt des Rotweinwanderwegs – wo einzelne Terrassen nur für wenige Weinstöcke Platz bieten. Weiter geht es nach Mayschoß (km 31). Der letzte Abschnitt endet, nachdem Reimerzhoven passiert ist, in Altenahr (km 35).

Freizeit – Radeln und Wandern, Wellness und Fitness an der Ahr

Abwechslungsreich: Freizeit an der Ahr

der Ahr in die Höhen der Eifel zu schätzen. Und unterhalb wie auch oberhalb des Rotweinwanderweges gibt es zwischen den einzelnen Weinterrassen Wirtschafts- und Wanderwege, die selbst zu den Wanderhochzeiten an Wochenenden und vor allem im Herbst nicht überlaufen sind. Den Ortskundigen bereitet es dann Freude, von unten oder oben auf den überfüllten Rotweinwanderweg zu blicken, wobei man selbst auf einem nur wenig frequentierten Weg reizvoll durch abwechselnde Wald-, Wiesen- und Weinlandschaften läuft.

Eigentlich von allen Ahrorten ausgehend sind heute **Rundwanderwege** ausgeschildert – diese werden unter den Ortsbeschreibungen angegeben. Darüber hinaus führen mehrere Hauptwanderwege des Eifelvereins durch das Gebiet des Ahrtals.

Der Karl-Kaufmann-Weg ist als Hauptwanderweg (HWW) Nr. 2 ausgeschildert. Er führt von Brühl aus über Rheinbach und Hilberath durch das Vischelbachtal und kommt so zwischen Altenahr und Kreuzberg an die Ahr. Hier vereinigt er sich über die kurze Strecke bis Altenburg mit dem HWW 11 (siehe unten). Weiter führt der Weg auf den Hornberg hinauf, verläuft dann auf der Höhe und geht später wieder hinab in das Tal des Kesselinger Baches und letztendlich zur Hohen Acht. Eine als HWW Nr. 2a ausgeschilderte Variante führt über Lind und Schuld nach Adenau.

Der Jakobsweg als Hauptwanderweg Nr. 1 kommt von Bonn über den Scheidskopf und die Landskron an die Ahr. Im weiteren Verlauf führt er über den Neuenahrer Berg in Richtung Maria Laach.

Der Ahr-Venn-Weg als Hauptwanderweg Nr. 11 beginnt in Sinzig und verläuft über den Mühlenberger Wald, den Pflugskopf, den Königsfelder Wald und über Ramersbach zum Steinerberghaus. Von hier aus geht es über den Schrock nach Altenahr, weiter nach Kreuzberg und über den Schildkopf weiter in Richtung Bad Münstereifel.

In Blankenheim kreuzt sich der Nord-Süd-Weg (HWW Nr. 4) mit dem Rhein-Rureifel-Weg (HWW Nr. 12). Der Nord-Süd-Weg beginnt in Düren, quert Blankenheim und endet in Trier. Der Ahrtal-Abschnitt dieses Wanderweges führt von Blankenheim über den Brotpfad (siehe Blankenheim) ins Schafbachtal und bis Ahrmühle. Der Rhein-Rureifel-Weg verbindet Brohl über die Eifel, wo er in Aremberg auf die Ahrregion trifft und dort bis Bahnhof Blankenheim führt, mit Monschau. Und ebenso über Aremberg führt der Erft-Lieser-Mosel-Weg (HWW Nr. 3) von Euskirchen nach Üxheim.

Zu den Gebietswanderwegen der Ahrtalregion zählt vor allem der mit (A) ausgeschilderte Ahrtalweg. Seine Teilstrecken bestehen aus den Abschnitten Ahrmündung-Altenahr (35 km), Altenahr-Schuld (20 km) und Schuld-Blankenheim (37 km).

Am bekanntesten ist natürlich der mit der roten Traube markierte **Rotweinwanderweg**. Auf einer Länge von 35 km führt er durch die Weinlagen von Bad Bodendorf bis Altenahr.

In der oberen Ahrtalregion ist als Regional- bzw. als Gebietswanderweg der **Jugendherbergsverbindungsweg**, der an der Jugendherberge in Rodert oberhalb von Bad Münstereifel beginnt und über die Blankenheimer Jugendherberge (18,5 km) und die Jugendherberge in Kronenburg-Baasem (39,5 km) zur Jugendherberge in Hellenthal (57 km) führt, ausgeschildert.

Zu den **Themenwanderrouten** zählen im Ahrtal die mit einem besonderen Zeichen gekennzeichneten „Historischen Straßen".

Freizeit – Radeln und Wandern, Wellness und Fitness an der Ahr

Der Rotweinwanderweg: Einer der bekanntesten Wanderwege Deutschlands

Es handelt sich um Rundwege, die zu historisch besonders interessanten Standorten führen und an denen Schautafeln die erforderlichen Erläuterungen geben. Da gibt es die Teilroute „Eisenweg", den „Köhler- und Loheweg", sowie die „Wacholderwege" (siehe oben bzw. bei den Ortsbeschreibungen). Gerade die Wacholdergebiete der Region sind landschaftlich besonders reizvoll. Solche Wacholdergebiete gibt es beispielsweise in der oberen Ahrregion, zu denen der Blankenheimer Wacholderweg führt, und auch der Landkreis Ahrweiler besitzt noch einzelne geschlossene Wacholderheidevorkommen am Weiselstein bei Schalkenbach (Köhler- und Loheweg) sowie in der Umgebung der Gemeinde Heckenbach. Auch in das Gebiet von Heckenbach führt ein entsprechender Wacholderwanderweg.

Und nicht zuletzt ist in diesem Zusammenhang der **Weinbaulehrpfad** der Stadt Bad Neuenahr-Ahrweiler zu nennen, der in drei Teilabschnitten Auskunft über den Weinbau an der Ahr und seinen kulturellen Hintergrund gibt. Folgende Teilabschnitte gibt es, die auch einzeln begangen werden können:
- Adenbach (Beginn DB-Haltestelle Ahrweiler-Markt rückwärts vorbei an den Brückenpfeilern)
- Adenbach (hinter den Brückenpfeilern links)
- Römervilla (unterhalb des Hotels Hohenzollern in Richtung Walporzheim)

Interessant ist übrigens das Angebot an **geführten Wanderungen** in der Ahrregion. Zu unterschiedlichen Terminen, aber jeweils mittwochs um 10.00 Uhr, werden diese Wanderungen mit einem Wanderführer durchgeführt. Die Strecken beanspruchen jeweils eine Laufzeit von etwa drei bis vier Stunden und sind für jeden Hobbywanderer zu bewältigen. Marschgetränke sind mitzubringen, gelegentlich ist eine Einkehr vorgesehen. Voranmeldung für dieses kostenfreie Angebot des Tourismus-Büros Ahr-Rhein-Eifel ist nicht erforderlich, aber die jeweiligen Mittwochstermine sollte man vorher beim Tourismus-Büro erfragen, das auch für weitergehende Informationen zur Verfügung steht. Im Angebot stehen beispielsweise folgende Strecken:
- Vom Bahnhof Altenahr: Durch die Altenahrer Felswelt (11-12 km)
- Vom Feuerwehrhaus Binzenbach: Mühlen- und Stollenwanderung (7,5 km)
- Vom Bolzplatz Kesseling: Wacholderwanderung: (9 km)
- Vom Winzerverein Dernau: Entlang des Rotweinwanderweges (8,5 km)

Exkurs: Der Heckenbacher Wacholderwanderweg

Der Heckenbacher Wacholderwanderweg vermittelt detaillierte Informationen zur Entstehung und ökologischen Bedeutung von Wacholder- und Zwergstrauchheiden sowie Borstgrasrasen. Diese Pflanzengesellschaften sind aus einer heute in Vergessenheit geratenen Form der Landnutzung hervorgegangen und prägten noch bis in das 19. Jahrhundert entscheidend das Bild der Eifellandschaften. Durch die Aufgabe der alten Bewirtschaftung und die Intensivierung der land- und forstwirtschaftlichen Nutzung sind diese Biotope heute überall bis auf wenige Restflächen in ihrem Bestand zurückgegangen

Der Heckenbacher Wacholderwanderweg führt entlang einiger dieser auch kulturhistorisch bedeutenden Landschaftselemente. Start und Ziel des Rundwanderweges ist der Gasthof Tannenberg in Niederheckenbach. Von hier hat man die Möglichkeit, eine große Runde (14 km) oder eine kleine Runde (11 km) zu laufen.

Freizeit – Radeln und Wandern, Wellness und Fitness an der Ahr

- Von der Nepomukbrücke in Rech: Rech von drei Seiten (9 km)
- Vom Wanderparkplatz Hochkreuz: Rund um Lind (12,5 km)
- Vom Weinbrunnenplatz in Mayschoß: Mayschoß - Romantik, Wald und Reben (7 km)

Natürlich bietet auch die Ahrregion **pauschalen Wanderurlaub** an. Da gibt es beispielsweise ein Pauschalangebot für den Rotweinwanderweg mit 2 Übernachtungen/Frühstück, Winzerbesuch, Besuch der Römervilla, 1 Abendessen, Wanderkarte und sonstigen Informationsmaterialien für knapp 120 € im Doppelzimmer.
- Buchung: Tourismus & und Service GmbH Ahr-Rhein-Eifel, 53474 Bad Neuenahr-Ahrweiler, Felix-Rütten-Str. 2, Tel.: (02641) 9773-0, Fax (02641) 9773-73, E-Mail: info@tour-i-center.de, Internet: www. wohlsein365.de

Genauso gibt es auch **Wandern ohne Gepäck** in der Ahrregion. So kostet beispielsweise ein Pauschalarrangement mit 4 Übernachtungen/Frühstück, Begrüßungstrunk, Wanderkarten, 1 Abschiedsvesper und Gepäcktransfer um 230 €.
- Buchung: Tourismus & und Service GmbH Ahr-Rhein-Eifel, 53474 Bad Neuenahr-Ahrweiler, Felix-Rütten-Str. 2, Tel.: (02641) 9773-0, Fax (02641) 9773-73, E-Mail: info@tour-i-center.de, Internet: www. wohlsein365.de

Als **Wanderkarten** eignen sich vor allem die Wanderkarten des Eifelvereins, in denen die markierten Wanderwege eingezeichnet sind.
- Wanderkarten: Blankenheim / Oberes Ahrtal, Wanderkarte N. 12 des Eifelvereins e.V., Maßstab 1:25.000, Hocheifel / Oberes Ahrtal, Wanderkarte Nr. 11 des Eifelvereins, Das Ahrtal, Wanderkarte Nr. 9 des Eifelvereins e.V., je 5,90 €

Radsport auf der Ahrtalstraße

RADELN

Neben dem Fußwandern ist das Radwandern immer beliebter geworden. So wurden dann auch in der Ahrtalregion mehrere Fahrradwege ausgebaut und ausgeschildert – hier kommt dem **Ahrtal-Radweg** eine entsprechende Vorreiterrolle zu. Der Ahrtal-Radweg verspricht eine ausgesprochen familienfreundliche Fahrt entlang der Ahr – 86 Kilometer auf überwiegend separaten Rad- und Feldwegen, teils auch auf der ehemaligen Bahntrasse der Ahrtalbahn. Ein Abstecher ab Dümpelfeld durch das Tal des Adenauer Baches lädt dazu ein, dem reizvollen Eifelort Adenau einen Besuch abzustatten. Insgesamt führt die Strecke vom Rhein in Sinzig über Heimersheim, Bad-Neuenahr, Ahrweiler, Walporzheim, Dernau, Rech, Mayschloß, Altenahr, Kreuzberg, Ahrbrück, Hönningen, Dümpelfeld, Adenau, Schuld, Antweiler, Müsch, Ahrdorf und Ahrhütte bis nach Blankenheim. Mit der endgültigen Fertigstellung dieses Ahrtal-Radweges besteht die Möglichkeit des unmittelbaren Anschlusses an die Radwege der Nordeifel entlang der Urft und der Rur sowie über Nettersheim, Kall und Gemünd der weitere Anschluss an die Wasserburgen-Route.

Über den Ahrtalradweg hinaus gibt es etwa 1000 Kilometer **ausgeschilderte Fahrradwege** in der Ahrregion. In fast allen größeren Orten und Hotels können Fahrräder gemietet werden. Die Mietpreise betragen zwischen 5 € und 10 € pro Tag. Spezielle Wünsche erfüllt eine Mountainbike-Strecke rund um den Nürburgring. Wie für das Wandern gibt es auch Pauschalangebote für Radfahrer, die die Ahrregion erkunden wollen.

Der Altmeister des Radsports, Rudi Altig, hat sich übrigens in der Region niedergelassen. In Zusammenarbeit mit der Fahrradfabrik Schauff in Remagen bieten Fahrradexperten um Rudi Altig im Rahmen einer **Fahrradakademie** alles Wissenswerte rund um's Fahrrad.

- Fahrradakademie: Gruppenbuchungen und Anmeldungen über Tourismus & und Service GmbH Ahr-Rhein-Eifel, 53474 Bad Neuenahr-Ahrweiler, Felix-Rütten-Str. 2, Tel.: (02641) 9773-0, Fax (02641) 9773-73, E-Mail: info@tour-i-center.de, Internet: www. wohlsein365.de

Radtouren-Tipps

Radfahren und Genießen: Mit 2 Übernachtungen/Frühstück, Begrüßungstrunk, Abendessen, Mittagsimbiss, Kellerführung und Radwanderkarte für unter 200 € pro Person im Doppelzimmer;
Thermalradeln an Rhein und Ahr;
Mit dem Mountainbike durch die Grüne Hölle„
Auskunft und Buchung: Tourismus & und Service GmbH Ahr-Rhein-Eifel, 53474 Bad Neuenahr-Ahrweiler, Felix-Rütten-Str. 2, Tel.: (02641) 9773-0, Fax (02641) 9773-73, E-Mail: info@tour-i-center.de,
Internet: www. wohlsein365.de

WELLNESS UND FITNESS

Stress und Überbeanspruchung sind Zivilisationskrankheiten der modernen Leistungsgesellschaft. Und wer es sich leisten kann, sollte den Ausgleich durch Ruhe und Erholung wie auch Wellness und Fitness an der Ahr suchen. Die Thermalquellen des Ahrtals bieten als „Quellen der Gesundheit" die Grundlage für die Kurangebote, wie sie die Ahrorte Bad Bodendorf und Bad Neuenahr anbieten. Kohlendioxyd aus dem vulkanischen Untergrund der Region löst sich beim Aufsteigen im Grundwasser zu Kohlensäure, mit der die Mineralien freigesetzt werden, die die Heilquellen so heilsam machen. Die bekannteste von ihnen ist sicherlich der im Jahre 1852 erbohrte Appollinarisbrunnen. Weitere Bohrungen wurden schon in geringer Tiefe fündig. So gibt es heute im Bereich von Bad Bodendorf Brunnen, die aus 120 bis knapp 360 Meter Tiefe Mineralwasser schöpfen, in Heppingen zwischen 25 und 50 Meter Tiefe und in Bad Neuenahr zwischen 20 und knapp 380 Meter Tiefe – hier würde der 88 Meter tiefe „Große Sprudel" sogar wie ein Geysir sprudeln, würde man ihn nicht künstlich bremsen.

Moderne Heilbäder wie Bad Bodendorf oder Bad Neuenahr bieten nach wie vor Kuren auf der Grundlage ihrer heißen Mineralquellen an, doch sind heute die Anwendungsprogramme der Heilbehandlungen viel weitergehend – entsprechend breiter ist auch das Spektrum der Indikationen, die durch Kuranwendungen an der Ahr gemildert oder gar behoben werden können.

Mit seinem Heilbad, seinen spezialisierten Kur-, Rehabilitations- und Fachkliniken sowie mit seinen Fachärzten bietet Bad Neuenahr Heilbehandlungen bei degenerativen Erkrankungen der Wirbelsäule und Gelenke an, bei Osteoporose, Stoffwechsel- und rheumatischen Erkrankungen, funktionellen Herz-, Kreislauf- und Gefäßerkrankungen, Allergien, Erkrankungen der Harnwege sowie Rekonvaleszens nach gesundheitlichen Störungen, wie sie durch Operationen oder Erschöpfungszustände ausgelöst werden. Operative Abteilungen der Fachkliniken bieten chirurgische Eingriffe im Bereich der Gefäß- und Venenerkrankungen sowie kosmetische Chirurgie an. Traditionell wird in Bad Neuenahr auch die Diabetes-Behandlung betrieben. In Bad Bodendorf konzentrieren sich die Indikationen auf Stoffwechsel-, Darm- und Gallenwegs- sowie Herz- und Gefäßerkrankungen.

Im Zentrum der Kuranwendungen stehen die Thermalbäder in Bad Neuenahr und in Bad Bodendorf sowie die Einrichtung der „Sinfonie der Sinne" mit dem „Garten der Sinne„, ebenfalls in Bad Neuenahr.

Das attraktive Thermalbad von Bad Neuenahr wird mit Mineralwasser versorgt, dass aus 359 Meter vulkanischer Tiefe warm emporsteigt. Durch die Zusammensetzung heilt, pflegt und prickelt es. Man kann sich im wirbelnden Strömungskanal treiben oder in Sprudelliegen und unter Nackenduschen massieren lassen. Eine weitläufige gepflegte Liegewiese lädt zum Sonnenbad ein. Im Außenbecken mit seinem 31° Celsius warmen Wasser kann man sommers wie winters seinem Körper Gutes tun. Darüber hinaus kann man unter fünf unterschiedlichen Saunen, einschließlich römischem Dampfbad und Soft-Sanarium wählen. Schwallduschen und Tauchbecken sorgen für erfrischende Kühle. Der belebende Rhythmus von heiß und kalt weckt die Lebensgeister.

Unter dem Begriff der „Sinfonie der Sinne" bietet das Bad Neuenahrer Wohlfühl- und Gesundheitszentrum eine Fülle von Kuranwendungen an, die der körperlichen und gesundheitlichen Wiederherstellung und Erneuerung dienen. Durch entspannen-

Exkurs: Die Ahr-Thermen

Insgesamt bieten die Ahr-Thermen ein Süßwasserbecken mit 30° Celsius warmem Wasser, das Thermalbecken mit 31°, das Thermalliegebecken mit 31°, das Thermalbewegungsbecken mit 32°, vier Whirlpools mit 37°, das Außenbecken mit 31° mit Ausschwimmschleuse und Strömkanal – dazu Bodensprudler, Sitzsprudler, Liegemulden, Massagedüsen und Nackenduschen. An der Liegewiese gibt es auch einen Biergarten. Darüber hinaus sind eine Finnische Sauna (95°), eine Trockensauna (80°), eine Blocksauna (100°), ein Römisches Dampfbad (42°), ein Soft-Sanarium (52°), ein Kaltwasser-Tauchbecken, Schwallbrausen, Fußwärmebecken, Saunabar, eine Sonnengalerie mit 10 Solarien, Ruheräume und ein Wintergarten vorhanden. Das Angebot der Ahr-Thermen vervollständigt die Massageabteilung sowie die Kosmetik- und Fußpflegeabteilung.

Das Thermalwasser von Bad Neuenahr enthält*:

Natrium	290 mg/l
Chlorid	65,2 mg/l
Kalium	21 mg/l
Sulfat	62 mg/l
Magnesium	82 mg/l
Hydrogencarbonat	1.221 mg/l
Calcium	73 mg/l
Kohlenstoffdioxyd (CO2)	1.330 mg/l
Fluorid	1 mg/l

*Analyse vom Institut Fresenius

de Heilmittel soll der Kurgast unter fachlicher Leitung in den Genuss des Wohlbefindens kommen. Hierfür können die Anwendungen einzeln, an einzelnen Gesundheitstagen und in einem ganzen Gesundheitsurlaub genommen werden.

Den Kern der Anwendungen bildet nach wie vor das Mineralwasser, dessen Wirkung auf seine natürliche Wärme, seine mineralische Zusammensetzung (siehe oben) und seinen hohen Kohlensäureanteil zurückgeht. Eine ganz besondere Spezialität der „Sinfonie der Sinne" ist das Bad Neuenahrer Kräuterfango. Es wird aus mineralreicher Vulkanasche gewonnen, mit Thermalwasser zu Fango angerührt und mit Kräutern wie Arnika, Kamille, Rosskastanie, Lavendel oder Rosmarin angereichert. Die Essig-Anwendung stellt die Wiederbelebung eines traditionsreichen Heilmittels dar, das inhaliert wird, als Wickel aufgetragen oder als Bad zur Anwendung kommt. Gleichfalls bietet Bad Neuenahr die genauso traditionelle Kneipp-Kur im Sinne einer ganzheitlichen Naturanwendung. Die chinesische Akkupressur vervollständigt das Heilmittel-Programm und kommt gleichermaßen präventiv wie auch lindernd und heilend zur Anwendung. Die Lichttherapie wirkt gegen saisonal abhängige Depressionen. Und natürlich wird Gymnastik in jeder Form angeboten, traditionell, als Callenetics zum Training der Tiefenmuskulatur, Tai-Chi mit seinen fließenden Bewegungen oder etwa Qui-Gong zur Stärkung der Lebenskraft. Ergänzt wird das Programm durch alle Arten von Massageangeboten. Die angeschlossene Schönheitsfarm „La Fontaine" rundet das Programm ab. Und selbstverständlich stehen die Ärzte und Therapeuten zur Beratung bereit – die Wohlfühlstrategen der „Sinfonie der Sinne„.

Der „Sinfonie der Sinne" ist der „Garten der Sinne" angeschlossen, der ganz der Entspannung der Patienten dient – hier kann man die Stille und Beschaulichkeit genießen und den Alltag vergessen.

...UND WAS ES SONST NOCH GIBT

Freizeitspaß wird groß geschrieben an der Ahr. Vielfältig sind die Möglichkeiten der Beschäftigung, des Sports, der kulinarischen Genüsse – und was es sonst noch alles gibt!

Die Ahrregion bietet **Angelmöglichkeiten** in der Ahr selbst sowie in den angrenzenden Gewässern des Rheins, des Brohlbaches oder des Laacher Sees. Ein gültiger Angelschein ist hierfür erforderlich. Tagesscheine für Gastangler an der Ahr sind beispielsweise bei den nachfolgenden Stellen erhältlich:
- Bad Bodendorf, Fremdenverkehrsamt,

Kur- und Bade-Tipps:

- Ahr-Thermen: 53474 Bad Neuenahr - Ahrweiler, Felix-Rütten-Straße 3, Tel.: (0 26 41) 801-200, Telefax: (0 26 41) 801-146, E-Mail: info@ahrthermen, Internet: www.ahr-thermen.de, täglich geöffnet von 9-23 Uhr, Eintritt 2 Std. 9,70 €, 3 Std. 11,75 €, Tageskarte 13,80 €, Abendtarif 10,20 €, Kindertarif 9,70 €, es gibt darüber hinaus Spartarife, Saunazuschlag, Preisnachlass über Wertkarten etc.
- Wohlfühl- und Gesundheitszentrum „Sinfonie der Sinne": 53474 Bad Neuenahr - Ahrweiler, Felix-Rütten-Straße 1, Tel.: (02641) 80 11 00, E-Mail: info@sinfonie-der-sinne.de, Internet: www. sinfonie-der-sinne.de, geöffnet mo-fr 7.30-19 Uhr (in der Wintersaison ab 8 Uhr), sa 9-16 Uhr, so 9-13 Uhr, Preise auf Anfrage

Freizeit – Radeln und Wandern, Wellness und Fitness an der Ahr

Tel.: (02642) 98 05 00, Ausgabe nur an Gäste mit Kurkarte
- Bad Neuenahr - Ahrweiler, Kurverwaltung Tel.: (02641) 3 54 41
- Bad Neuenahr - Ahrweiler, Sportklause Tel.: (02641) 53 25, Ausgabe für die Vereinsstrecke
- Dernau, Bäckerei Hammes Tel.: (02643) 16 09, Fischen auf 1,6 km in der Ahr
- Rech, Ortsgemeinde, Tel.: (02643) 25 45
- Rech, Pension Marita, Tel.: (02643) 85 13
- Mayschoß, Weinhaus Kläs, Tel.: (02643) 16 57
- Altenahr, Fremdenverkehrsverein, Tel.: (02643) 84 48

Die Gastkartenpreise liegen bei 10 € für die Tageskarte. Wer für das Wochenende eine Karte erwerben möchte, sollte vorher eine telefonische Reservierung vornehmen. In der Ahr sind neben der Bachforelle und Regenbogenforelle auch Äsche, Elritze, Barsch, Döbel, Rotauge, Gründling, Barbe, Aal und das Bachneunauge vertreten.

Boccia, Boule oder Pétanque kann auf dem Sportplatz Ahrweiler, im Kurpark Bad Neuenahr und am Boule-Treff in Bad Breisig gespielt werden.
- Sportplatz Ahrweiler: geöffnet di, mi, fr 17-21.30, so 10-16 Uhr (im Winter do, fr 17-21.30 unter Flutlicht)
- Kurpark Bad Neuenahr: 10-16 Uhr
- Park in den Römerthermen Bad Breisig: Boule-Treff mo 10.30, mi 15.30, sa 10.30

Bogenschießen auf die 90-Meter-Distanz ist in Sinzig - Bad Bodendorf möglich.
- Information: (Tel. 02642) 4 13 68

Am Schießstand im Kaiser-Wilhelm-Park an der Ahrallee in Bad Neuenahr ist eine eigene Ausrüstung erforderlich.

Eine **Bowling-Bahn** bietet der Quellenhof in Bad Neuenahr.

Die Pfeiler der Adenbachbrücke: Ein Paradies für Kletterer

- Öffnungszeiten: mo-do 18-1 Uhr, fr 16-1 Uhr sa, so 10-1 Uhr, Tel.: (02641) 2 69 99

Der Flugplatz Bengener Heide bietet Interessierten und Flugbegeisterten die Möglichkeit, an **Rundflügen** über die Region teilzunehmen. Eine Flug-Viertelstunde kostet um 25 €. Die Preise für **Segelfliegen** liegen in etwa gleich hoch.
- Information: Flugplatz Bengener Heide, 53474 Bad Neuenahr - Ahrweiler, Tel.: (02641) 2 64 43

Für **Gleitschirmflieger** gibt es Startplätze in Dernau, Rech und Hönningen. Auskunft erteilt der Touristik-Service.

Der **Golf-** und Landclub Bad Neuenahr-Ahrweiler, nördlich des Ortsteils Lohrsdorf gelegen, hat einen 16-Loch-Platz, eine 9-Loch-Par-3-Anlage und eine Driving-Range. Gastspieler mit einem gültigen Ausweis ab Handicap 36 sind gerne gesehen. Die Ausrüstung kann gegen eine Gebühr von 10 € gemietet werden.

Kunst am Rotweinwanderweg

- Golf- und Landclub: 53474 Bad Neuenahr-Ahrweiler, Ortsteil Lohrsdorf, Remagener Weg 100, Tel. (02641) 95 09 50

Auch wenn der **Kegelsport** einst zu einem weniger günstigen Image der Ahrregion beigetragen hat, soll doch nicht vergessen werden, wie fröhlich und gesellig die Beschäftigung mit der Kugel sein kann. „Alle Neun" wird in zahlreichen Hotels und Gaststätten an der Ahr geboten.

Unmittelbar im Rebgelände des Ahrtals erheben sich die Pfeiler der Adenbachbrücke der nie fertig gestellten Militär-Eisenbahntrasse. Seit 70 Jahren ragen sie 35 Meter in die Höhe und bieten heute ein **Kletter- und Abseilparadies** ohnegleichen. Hier gibt es an den Pfeilern einfache Einsteigerrouten bis hin zu Strecken mit Überhang, hier kann man das Abseilen üben – und nicht zuletzt auf der Seilbrücke die Pfeiler queren.

- Seilpark Mittelrhein: Basislager 53474 Bad Neuenahr-Ahrweiler, Wilhelmstraße 47, Tel.: (02641) 22 27, Fax: (02641) 20 22 11, Internet: www. seilpark.de

Mini-Golf kann auf folgenden Plätzen gespielt werden:

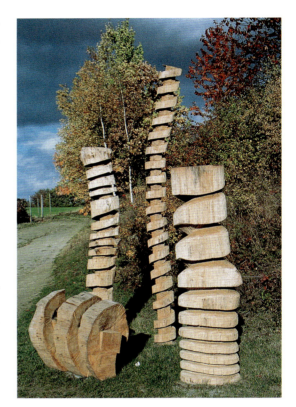

- Altenahr: Am Campingplatz
- Bad Bodendorf: An der Ahrbrücke
- Mayschoß: Am Bahnhof
- Freilinger See

Eine größere Zahl von Reiterhöfen bietet **Pferdeausritte** an. Nachfolgend eine Auswahl von Betrieben an der Ahr:
- Swistbachschenke, Grafschaft-Holzweiler, Ponyreiten, Tel.: (02641) 3 45 79
- Haflingerhof, Kalenborn, Reitkurse, Halb- und Tagesritte, Reithalle, Tel.: (02643) 74 77
- Reithalle Hegehof, Kalenborn, Tel.: (Ausritte, Reitkurse, Springstunden)

Rodeln ohne Schnee – das gibt es oberhalb von Altenahr. Mit dem Auto gelangt man vom Autobahnkreuz Meckenheim in Richtung Altenahr auf der B 257 nach sechs Kilometern, umgekehrt von Altenahr nach 4 Kilometern zur Sommerrodelbahn Alten-

In den Ahrthermen

Freizeit – Radeln und Wandern, Wellness und Fitness an der Ahr

ahr. Dort wird man 200 Meter mit dem Schlepplift durch den Wald hinauf gezogen und dann geht es über 500 m durch sieben lange Kurven wieder hinab.

- Information: Sommerrodelbahn Altenahr, Tel.: 0 26 43 / 23 21, Betriebszeit von April bis Oktober täglich von 10.00 bis 19.00 Uhr geöffnet, in der übrigen Zeit am Wochenende

Die Möglichkeit der **Sauna**-Benutzung besteht einmal in den Thermalbädern (siehe oben), im Freizeitbad „Twin" (siehe unten) sowie in der Panorama-Sauna in Holzweiler nördlich von Dernau.

- Panorama-Sauna: Grafschaft-Holzweiler, Tel.: (02641) 3 47 36, geöffnet mo-fr 10-23 Uhr, sa, so, feiertags 10-20 Uhr

Auch wenn **Schwimmen** in der Ahr selbst nicht möglich ist, so gibt es doch – neben den Thermalbädern in Bad Neuenahr und Bad Bodendorf – eine Reihe weiterer Bäder in der näheren und weiteren Umgebung, so in Adenau (Hallen- und Freizeitbad, Tel.: 02691 / 587), in Kempenich-Weibern (beheiztes Freizeitbad, Tel.: 02655 / 32 23), in Niederzissen (Hallenbad, Tel.: 02636 / 97 09 61), in Ahrweiler (Freizeitbad, Tel.: 02641 / 3 47 18) sowie das Freizeitbad „Twin„ in Ahrweiler, Am Gartenschwimmbad, Tel. (02641) 2 41 33, geöffnet täglich 9-21 Uhr (an Wochenenden -19 Uhr), Eintritt 4,10 €, Kinder 2,05 €, es gibt ermäßigte Mehrfachkarten, Sondertarife etc, Saunaöffnungszeiten di-so 9-21 Uhr (auch getrennt), Einzeleintritt 5,10 €, Kinder und Jugendliche 4,10 €, Sondertarife und Kombikarten 8,20 €, Kinder und Jugendliche 5,10 €

Das **Spielcasino** in Bad Neuenahr ist mehr als nur die Plattform für Glücksritter – es ist ein gesellschaftlicher Mittelpunkt der Ahr. Die Spielbank atmet das Flair der Belle Epoque. Doch ist und bleibt das Glücksspiel der Kern dieses Etablissements. In sechs Sälen bietet die Spielbank französisches und amerikanisches Roulette, Baccara, Black Jack und Punto Banco. Zwei weitere Säle im Foyer sind dem Automatenspiel vorbehalten – einen besonderen Reiz übt der Automaten-Jackpot aus! Die Bar des Casinos genießt einen vorzüglichen Ruf als gepflegtes Abendrestaurant mit Live-Musik und Tanz.

- Information: Spielbank Bad Neuenahr, 53474 Bad Neuenahr-Ahrweiler, Felix-Rütten-Straße 1, Tel.: (02641) 75 75 - 0, Fax: (02641) 75 75 75

Fast alle Orte an der Ahr verfügen über mindestens einen **Tennis**-Club mit jeweils mehreren Plätzen, so dass man eigentlich überall spielen kann. Darüber hinaus haben auch einige Hotels Tennis-Plätze. Die Ausrüstung bringt man aber am besten von zu Hause mit. Auskunft über Tennis-Plätze erteilt der Touristik-Service.

Wanderer vor dem Kalvarienberg

AM OBERLAUF DER AHR

BLANKENHEIM

Blankenheim zählt zu den reizvollsten Orten der ganzen Eifel. Schmucke Häuser in Fachwerk- und Steinbauweise prägen den Ort, der von seiner mächtigen Burg überragt wird, die heute wieder aufgebaut ist und in ihrer vollen Schönheit über dem Ort prangt. Gottfried Kinkel schwärmt in seiner 1845 erschienen Reisebeschreibung über die Ahr: „Herrlich ist die Hauptansicht von dem unteren Tale her. In dem sieben Morgen großen Weiher, den die jugendliche Ahr füllt, spiegeln sich die Trümmer des Grafenschlosses und das einzige noch völlig erhaltene Gebäude, die ehemalige Kanzlei desselben; links gruppieren sich die Häuser der Stadt mit der zierlichen, 1505 gebauten Kirche." Schon die Römer hatten diesen Standort wegen seiner strategischen Lage der Verkehrsverbindungen von Trier nach Köln beziehungsweise Bonn befestigt und besiedelt. Die nördlich der Altstadt gefundenen und frei gelegten Reste der Villa Rustica, einem fast 250 Meter langen Bau mit 75 Zimmern, die in der Zeit zwischen dem 1. und dem 3. Jahrhundert n.Chr. entstand, legen Zeugnis von der römischen Besiedlung ab.

Das beherrschende Bauwerk von Blankenheim ist die Stammburg der Herren von Blankenheim. Sie wurde ab 1115 auf einem nach Westen gegen das obere Ahrtal vorgeschobenen Bergsporn errichtet, der nach Osten durch Gräben und Mauern abgeriegelt werden musste. Der älteste Teil der Burganlage ist der dreigeschossige Palas im Südwesten. Er stammt noch aus dem 13. Jahrhundert. Graf Johann Arnold ließ während des Dreißigjährigen Krieges einen runden Geschützturm aufmauern. Genauso wie dieser Batterieturm stammt auch das Torhaus aus dem 17. Jahrhundert. Die rechteckige Oberburg erhielt in der zweiten Hälfte des 15. Jahrhunderts ihre bestimmende Gestalt, als Graf Gerhard VIII., der Sohn des Herzogs Wilhelm I. von Jülich, sie zu einem repräsentativen Schloss ausbaute. Im 17. Jahrhundert wurde die Unterburg hinzugefügt. Weitere Ausbauten erfolgten im 18. Jahrhundert. In der napoleonischen Ära wurde die Burg zerstört und dann auf

> **Exkurs: Die Römervilla von Blankenheim**
>
> Bereits 1894 wurden die ersten Ausgrabungen an der villa rustica von Blankenheim-Hülchrath (in der Flur „In den Alzen") durchgeführt und brachten gut erhaltene Reste eines lang gestreckten Gutshofkomplexes hervor. Parallel zur Hauptachse des Herrenhauses standen Häuserreihen mit gegenüber liegenden Wirtschaftsgebäuden. Der Komplex entstand in drei Bauperioden vom Ende des 1. Jahrhunderts n.Chr. bis zum Beginn des 4. Jahrhunderts n.Chr.. Der zweite Bau wurde völlig neu angelegt. Die Rekonstruktion ergab nunmehr einen lang gestreckten Portikus mit einem Pultdach, das den größeren Teil der Räume bedeckte. In der dritten Phase wurden Erweiterungen vorgenommen und neue technische Einrichtungen eingebaut, wie etwa eine Heizung für den Mitteltrakt. Zu Beginn des 4. Jahrhunderts kündigt sich die Aufgabe des Komplexes an, der dann um 335 n.Chr. verlassen wurde.
>
> Die Funde aus der villa rustica nehmen einen großen Bereich im Blankenheimer Eifelmuseum ein.

Am Oberlauf der Ahr

Blick auf die Pfarrkirche St. Mariae Himmelfahrt in Blankenheim

Abbruch verkauft. 1927 erwarb die Deutsche Turnerschaft die Ruine, die sie im Zusammenwirken mit dem Landeskonservator Rheinland wieder herstellte und auf den Tonnengewölben des mittelalterlichen Burgkellers ein Turnerheim errichtete. Heute dient der Burgkomplex als Jugendherberge.

Den historischen Ortskern von Blankenheim erreicht man vom Rathaus an der B 258 über die Klosterstraße. Das Zentrum wird vom Curtius-Schulten-Platz gebildet, der nach dem bekannten Blankenheimer Maler benannt wurde. Hier findet man die Gebäude des Eifelmuseums. Dies sind rechts das große dreigeschossige Fachwerkhaus, das ehemalige Gildehaus, und auf der gegenüber liegenden Seite das ehemalige Hotelgebäude „Zur Post", das ganz stilgerecht unter Beibehaltung der historischen Fassade zur Ahrstraße für einen modernen Museumsbetrieb hergerichtet wurde. Am Eckhaus am Weg zur Ahrquelle steht die Statue des Brückenheiligen Johannes Nepomuk aus dem 18. Jahrhundert.

Der Weg führt zu einem malerischen Platz mit dem Gästehaus Ahrquelle zur linken Seite und dem Haus über der Ahrquelle am Ende. Diese Ahrquelle befindet sich im Keller eines 1726 errichteten Fachwerkhauses, hinter dem sich die Silhouette des Hirtentors erhebt. Eine Treppe führt zu diesem alten Stadttor, an dem auch noch ein Stück des alten Blankenheimer Wehrganges erhalten ist. Außen am Hirtentor ist ein prächtiger spätgotischer Stein von 1512 angebracht. In den Räumen des Tores ist eine naturkundliche Ausstellung eingerichtet. Durch das Hirtentor führt die Straße Am Hirtentor – gleich links steht das Eifelhaus, ein Fachwerkhaus aus dem 16. Jahrhundert, ein Stück weiter rechter Hand ein Steinbau aus dem 17. Jahrhundert, in dem Blankenheimer Künstler ihre Werke ausstellen können.

Besonders romantisch ist der Zuckerberg, ein Gässchen, das weiter links von der Straße Am Hirtentor abzweigt. Hier stehen alte und oft mit schönen Schnitzereien versehene Blankenheimer Fachwerkhäuser, darunter das schmalste der Stadt, das nur 2,01 Meter breit ist. Auf dem Weg zurück durch das Hirtentor und über die Ahrstraße aufwärts gelangt man rechter Hand an einem Uhrmacher vorbei, der die alte Blankenhei-

Exkurs: Der Tiergarten-Tunnel zur Burg Blankenheim

Zur Verbesserung der Verteidigungsqualität ließ Graf Dietrich III. im 15. Jahrhundert eine Fernwasserleitung zur Burg Blankenheim legen – eine technische Meisterleistung für die damalige Zeit! Abschnittsweise verlief diese Leitung als Gefälle-, als Druckrohrleitung und als Aquädukttunnel. Als Ausgangspunkt zapften die mittelalterlichen Konstrukteure die Renn-Quelle in einem zwei Kilometer von der Burg entfernten Tal an. Die Leitung verlief unter diesem Tal in einer hölzernen Druckwasserleitung, für die man die einzelnen Rohre mit Muffenringen ineinander befestigte, und musste dann noch unter einem 15 Meter hohen Bergsporn, dem „Tiergarten"-Berg, in einem Tunnel verlegt werden. Das Quellwasser wurde dann in einem Wasserbehälter im Burghof gesammelt. Tunnel und Druckleitung konnten im Jahre 2000 archäologisch ausgegraben werden.
• Information: www.tiergartentunnel.de

Am Oberlauf der Ahr

Die Ahrquelle

Im Tiergarten-tunnel von Blankenheim.

Blick über das Eifelmuseum und die Pfarrkirche auf die Blankenheimer Burg

Exkurs: Karneval in Blankenheim

Der Blankenheimer Karneval kann auf eine über 400-jährige Tradition zurück blicken. Jeden Karnevalssamstag wird in Aufrechterhaltung dieser Tradition ab 19.11 Uhr ein Geisterumzug gestartet, an dem sich jeder beteiligen kann, wofür als Kostüm ein weißes Bettlaken, dessen Zipfel an der Stirn zu zwei Hörnern geknotet wird, und eine Pechfackel benötigt werden. Mit Bengalischem Feuer und Fackellicht führt der Zug durch die winkligen Gassen Blankenheims. Unter den Klängen des Blankenheimer Karnevalsmarsches „Juh-Jah Kribbel en d`r Botz" sollen so die Frühlingsgeister in wirbelnden Tänzen die finsteren Winterdämonen vertreiben.
Information: E-Mail. karnevalsverein@blankenheim.de,
Internet: www. blankenheim.de/karneval

mer Kirchenuhr aus dem Jahr 1909 in die Fassade seine Geschäfts integriert hat, zum Georgstor. Dieses Tor ließ Graf Salentin Ernst im Jahre 1679 im Zuge der Erweiterung der Altstadt errichten. In einer Nische des Tores ist die Statue des Blankenheimer Ortsheiligen St. Georg eingebracht. Im Georgstor findet man heute das Karnevalsmuseum, das über die Jahrhunderte alte Blankenheimer Karnevalstradition informiert.

Folgt man der Ahrstraße weiter aufwärts und in der Verlängerung der Aachener Straße, so kann man gleich rechts abbiegen und kommt zur Hülchrather Kapelle. Der Zuweg zu dieser Rokoko-Kapelle mit eisernem Glockenturm aus dem Jahr 1764 ist mit „Sieben Fußfällen" gesäumt. Heute dient der Bau dem nahe gelegenen Seniorenheim als Hauskapelle und steht der Öffentlichkeit nicht zur Verfügung.

Die Blankenheimer katholische Ortspfarrkirche St. Mariae Himmelfahrt erhebt sich inmitten der Stadt als spätgotischer Hallenbau. Graf Johann I. ließ die Kirche in seiner Amtszeit zwischen 1495 und 1505 errichten. Von den beiden Emporen war die Bühne dem Grafen vorbehalten. Die Orgel auf der oberen Empore aus dem Jahr 1660 zählt zu den ältesten des Rheinlandes. Besonders wertvoll ist der Hochaltar mit seinen beiden Seitenaltären. Beachtenswert sind genauso das geschnitzte Chorgestühl, die Muttergottes mit Strahlenkranz und eine Reliquiensammlung mit einer Reliquienbüste des Heiligen Georg, des Blankenheimer Patrons.

Der General-Anzeiger schreibt über den Karneval in Blankenheim:

Hexen mit flammend roten Röckchen, wirrem Haar und überdimensionalen schauerlichen Masken, die aus der alemannischen Fastnacht entlehnt scheinen, fegen mit ihren gewaltigen Besen das Pflaster der engen Gassen in Blankenheim in der Eifel. Wenn es dunkel wird am Fastnachtsamstagabend, geht der Spuk los. Von überall her fallen die weißen Gestalten in das kleine Örtchen ein, sammeln sich zu Hunderten, zünden ihre Pechfackeln an und toben abwechselnd mit melodischem Singsang und grellen Schreien im Zug durch die Stadt. Die Weißgewandeten haben starke Verbündete: beispielsweise den Teufel in rotem Dress und mit Fellrock, der sich in den Zug einreiht, sowie die mit gewaltigen Widderhörnern ausgestatteten Schlossgeister. Und die original Blankenheimer Hexe, die im Anzug aus weißen Baumwollspitzen mit ihrem Besen hinter dem Obergeist herschwebt. Dem Obergeist sind im Laufe der Jahrhunderte, in denen die Blankenheimer das Winteraustreiben zur Karnevalszeit pflegen, Flügel gewachsen. Warum er den kriechenden Zug zu Pferd anführt, ist nicht bekannt. Und es gibt nur ein Pferd weit und breit, das in jahrelangem Training gelernt hat, das Spektakel der Geister zu ertragen, ohne dadurch außer Kontrolle zu geraten.

Blankenheim-Tipps

(Postleitzahl 53945, Tel.-Vorwahl 02449)

- Information: Bürger- und Verkehrsbüro Blankenheim, Rathausplatz 16, Tel.: 87 222-224, Fax: 8 73 03, E-Mail: verkehrsbüro@blankenheim.de, Internet: www. blankenheim.de

Museen

- Regionalmuseum für Naturkunde und Kulturgeschichte der Nordwesteifel (Eifelmuseum): Mit einer landeskundlichen Bibliothek (Teil der historischen Kreisbücherei in Euskirchen) für die Themenbereiche Erdgeschichte, Siedlungsgeschichte, Landwirtschaft, Wassernutzung und Waldwirtschaft, Ahrstraße 57, Tel.: 95 1 50, E-Mail: eifelmuseum-blankenheim@t-online.de, Internet: www. eifelmuseum-blankenheim.de, geöffnet Jan./Feb. sa 14-17 Uhr, so 10-12.30 und 14-17 Uhr, März/April sowie Nov./Dez. mo-do, sa 14-17 Uhr, Mai bis Okt. mo-do, so 10-12.30 und 14-17 Uhr, sa 14-17 Uhr;
- Karnevalsmuseum: Am Georgstor, Dokumentation 400-jähriger Karnevalsgeschichte, geöffnet nach Vereinbarung, Information: Verkehrsbüro (s.o)
- Naturkundliche Ausstellung: Am Hirtentor, geöffnet April bis Sept. so 10.30-12.30 Uhr, ansonsten nach Vereinbarung, Tel.: 15 73

Galerien

- Galerie Haus am Hirtenturm: Ganzjährige Ausstellung Blankenheimer Künstler, geöffnet sa/so 11-17 Uhr, Tel. 13 55
- Galerie Haus Urlaub: Blankenheim-Alendorf, Wiesbaumer Straße 8, Tel.: 13 42

Gastronomie (Auswahl)

- Hotel Schlossblick: Nonnenbacher Weg 4-6, Tel.: 95 5 00, Fax: 95 50 50, E-Mail: info@hotel-schlossblick, Internet: www. hotel-schlossblick.de (Dz 85 €); Hotel, Restaurant, Café, Eifeler Spezialitäten;
- Hotel Kölner Hof: Ahrstraße 22, Tel.: 14 05, Fax: 10 61, E-Mail: blankenheim@hotel-koelner-hof.de (Dz 93 €), Internet: www. hotel-koelner-hof.de; hinter historischer Fassade in der verkehrsberuhigten Zone, Restaurant und Bierschenke;
- Hotel Finkenberg: Im Giesental 2, Tel.: 10 73, Fax: 14 19, E-Mail: hotel-finkenberg@t-online.de (Dz 87-92 €); in ruhiger Höhenlage direkt am Wald, mit Restaurant,
- Gasthof Brüsseler Höfchen: Am Hirtenturm 7, Tel.: 10 25, Fax: 84 83, E-Mail: info@bruesseler-hoefchen.de, Internet: www. bruesseler- hoefchen.de (Dz72-84 €) familiär-gemütlich, mit Restaurant, dazu 2 Ferienwohnungen im „Gästehaus an der Ahrquelle";
- Hotel Posthalterhof: Ahrstraße 48, Tel.: 75 92, Fax: 77 94 (Dz 94 €);
- Forellenhof: Ferienappartements, unterhalb von Blankeim idyllisch am Oberlauf der Ahr gelegen, Koblenzer Straße, Tel.: 85 45, Fax: 91 95 72 (2-Pers.-App. 34-36 € pro Tag)

Jugendherberge

- Burg Blankenheim: 164 Betten, 41 Zimmer, Burg 1, Tel.: 9 50 90, Fax: 95 09 10, E-Mail: jh-burgblankenheim@t-online.de, Internet: www. jugendherberge.de/jh/ blankenheim

Stellplätze

- Wohnmobile: Parkplatz „An der Weiherhalle", direkt an den Erholungsanlagen am Schlossweiher, 1 € für Strom und Wasser

Freizeit

- Erholungsanlagen Schlossweiher: Freibad, Sprungturm, große Liegewiese, Beach-Volleyball, Terrassencafé Wanderwege:
- 10 Rundwanderwege: Die Wanderwege im oberen Ahrtalbereich werden in den folgenden Kapiteln im Einzelnen aufgeführt

AHRHÜTTE

Unterhalb Blankenheims tritt die Ahr zunächst mit größerem Gefälle aus der Blankenheimer Kalkmulde heraus. Die Bundesstraße B 258 folgt dem Tal am Hang. Ab dem tiefer liegenden Forellenhof, wo der Mühlheimer Bach als erster Nebenfluss von Norden einmündet, durchfließt die Ahr die von Wiesen gesäumte, bewaldete Hügellandschaft der Dollendorfer und danach der Ahrdorfer Kalkmulde.

Den zweiten Zufluss der Ahr bildet der von Westen zufließende Nonnenbach. Das Nonnenbachtal steht schon seit einiger Zeit unter Naturschutz. Im schmalen Tal fließt der Bach frei in seinem natürlichen Bett, von Erlen und Weiden gesäumt. Seine Talaue weist artenreiche Feucht- und Nasswiesen mit kleinen Tümpeln auf, wo der Gelbe Fingerhut und die Schwarze Flockenblume noch anzutreffen sind. Ein einspuriger Fahrweg führt über den Ort Nonnenbach weiter zum idyllisch gelegenen Café Maus, einem beliebten Ausgangspunkt für Wanderungen.

Unterhalb der Mündung des Nonnenbaches zweigt bei der Reetzer Mühle nördlich der Fahrweg über Reetz zum Freilinger See ab. Noch ein Stück das Ahrtal weiter abwärts fließt der Schafbach zu, dessen reizvolles Tal zum Wandern über die Ripsdorfer Mühle bis Ahrmühle einlädt. Und kurz vor Ahrhütte mündet der Lampertsbach, in dessen Einzugsgebiet sich große, unter Naturschutz stehende Wacholderflächen befinden.

Die Orte im Einzugsbereich der oberen Ahr bis Ahrhütte haben einige Sehenswürdigkeiten zu bieten, die einen Besuch wert sind. Alle Orte gehören inzwischen zur Stadt Blankenheim, insofern kann man sich bei Rückfragen an das Bürger- und Verkehrsbüro Blankenheim wenden.

REETZ

Der Blankenheimer Ortsteil liegt in einer Talmulde auf der rechten Höhe der oberen Ahr, wo auch der Reetzer Bach entspringt. Die erste urkundliche Nennung von Reetz aus dem Jahre 1148 verdanken wir der Tatsache, dass ein gewisser, nicht näher bekannter Gevehard von Trevenstorph durch Krankheit an der Teilnahme des Zweiten Kreuzzuges verhindert war und deshalb durch sein Landgut Reetz der Abtei Klosterrath (die im übrigen auch an der Weinahr begütert war) eine Schenkung in Höhe von drei kölnischen Goldmünzen vermachte. Verschiedene Anzeichen deuten darauf hin, dass Reetz im 13. Jahrhundert arenbergischer Besitz wurde. Spätestens im 15.

Wanderwege

(um Reetz – Blankenheimer Nummerierung)
- Rundweg 17 (7,5 km) Wegspinne, Ahrtalweg, Reetzer Mühle;
- Rundweg 17a (Abkürzung zu 17 / 5,5 km) nicht über die Reetzer Mühle, sondern über das Jagdhaus;
- Rundweg 18 (5 km) Wegspinne, Weinstraße, Umsetzer, oberes Weilerbachtal, Tennisanlage;
- Rundweg 19 (6 km) Tennisanlage, Sonnenweg (S), Freilinger See (Grillhütten), Reetzer Heide

Am Oberlauf der Ahr

Am Freilinger See

Jahrhundert besaß Reetz eine Kapelle, für die im Jahre 1486 zwei Glocken gegossen wurden, von denen allerdings die größere Margaretenglocke mit dieser eingravierten Jahreszahl im 2. Weltkrieg zur Einschmelzung abgeliefert werden musste. Nach einer Verpfändung im Jahre 1498 kauften die Arenberger später ihren Reetzer Besitz wieder zurück, wobei davon ausgegangen werden kann, das zu dieser Zeit für sie die Eisenindustrie schon von besonderer Bedeutung war, und sie sich den Zugriff auf die Erzlagerstätten in ihrer unmittelbaren Umgebung erhalten wollten. Die Flurnamen „Eisekuhl" und „Erzlauch" erinnern noch daran, dass auch in der Reetzer Gemarkung nach Eisenerz gegraben wurde. Bis zur Franzosenzeit blieb Reetz im Arenberger Besitz.

Dass Reetz einst ein Herrensitz war, zeigt sich noch an dem im Ort erhaltenen Burghaus, einem zweigeschossigen Bruchsteingebäude aus dem 16. Jahrhundert mit einem Backofenausbau. Der Chorraum der Pfarrkirche zur Heiligen Margareta stammt aus der zweiten Hälfte des 15. Jh. Die drei Altäre entstanden um 1750.

FREILINGEN

Heute hat der Blankenheimer Ortsteil Freilingen vor allem Bedeutung als Erholungsgebiet mit dem Freilinger See als Anziehungspunkt. Historisch ist Freilingen eine auf dem Gelände einer Römervilla in der Zeit der fränkischen Landnahme entstandene Siedlung. Aus der merowingischen Epoche sind Gräberfunde vorhanden. 1366 werden erstmals die Herren von Freilingen erwähnt, die den Herzögen von Arenberg unterstanden. Im späteren Mittelalter zog der Ort seine Bedeutung aus der Eisenindustrie.

Herausragendes Gebäude von Freilingen ist das aus dem 17. Jahrhundert stammende

Freilingen-Tipps

(Postleitzahl 56244, Tel.-Vorwahl 02666)

Information
- Information: Siehe Verkehrsbüro Blankenheim Gastronomie
- Hotel Hedy's Landgasthof: Heidestr. 27, Tel.: 1044;
- Hotel Ludwigshöhe, Tel.: 280

Camping
- Camping- und Freizeitanlage Freilinger See: Otium GmbH & Co. KG, 53945, Blankenheim-Freilingen, Tel.: (02697) 282, Fax: (02697) 292, E-Mail: otium@camping.de

Ferienpark
- Feriendorf Freilingen: 53945 Blankenheim-Freilingen, Tel.: (02697) 76 25, Fax: (040) 36 03 98 40 08, E-Mail: info@feriendorf-freilingen, Internet: www. feriendorf-freilingen.de

Feste
- Seefest am Freilinger See am 1. Juli-Wochende

Wanderwege
(um Freilingen – Blankenheimer Nummerierung)
- Rundweg 20 (2,5 km) um den Freilinger See;
- Rundweg 21 (4 km) Waldlehrpfad, Feriendorf;
- Rundweg 22 (6,5 km) Gillesheide, L 115, Zollhaus, Lommersdorf, Sonnenweg (S);
- Rundweg 23 (4,5 km) Freilinger See, Rothenborn, Weilerbach

Am Oberlauf der Ahr

Pfarrkirche St. Philipp und Jacob in Lommersdorf

Gehöft in der Lommersdorfer Straße Nr. 2. Der in Bruchsteinbauweise errichtete zweigeschossige Wohntrakt der Anlage wirkt außergewöhnlich großzügig. Ein weiteres, sehr langes Fachwerkhaus wurde 1700 errichtet. Die Ortskapelle stammt aus dem Jahre 1684. Das ehemalige Burghaus des Ortes wurde allerdings 1830 abgerissen.

Bei dem Freilinger See handelt es sich um einen aus Quellwasser gespeisten Stausee. Er wurde 1976 zur Regenrückhaltung gebaut, doch von vornherein war die Nutzung als Freizeitsee vorgesehen. Inmitten eines von Wiesen und Wäldern umgebenen Tals sind um den See reizvolle Liegewiesen und Buschgruppen angelegt worden. Hier kann Wassersport betrieben werden, es gibt einen Minigolf-Platz, einen Waldlehrpfad, einen Grillplatz etc. Es gibt aber auch eine Schutzzone im See, in der Haubentaucher ungestört vom Badebetrieb ihre Brut aufziehen können. Am See erstreckt sich ein Campingplatz, der für seine Anlagequalität schon Auszeichnungen erhalten hat. Auf dem Freilinger Bruch, etwa zwei Kilometer vom Ort entfernt, erstreckt sich das Feriendorf Freilingen mit Schwimmbad, Tennisplätzen und Kinderspielplatz.

LOMMERSDORF

Wie der Ort Freilingen entstand der Ort Lommersdorf auch auf dem Gelände eines römischen Gutshofes. Hier entstand auch die spätere Siedlung Lommersdorf, deren erste Erwähnung im Jahre 975 als Lumeredorph erfolgte. Später kam der Ort unter die Herrschaft der Arenberger. Nördlich des Ortes wurden Eisenerze gefunden, deren

Abbau von größter wirtschaftlicher Bedeutung für die weitere Entwicklung des Herzogtums Arenberg war, und die Eingänge zu den alten Erzschächten sind Eingeweihten noch bekannt. Die in den Arenberger Hütten aufbereiteten Erze wurden zum Großteil in den Lütticher Kanonenöfen verarbeitet.

Die Ortspfarrkirche St. Philipp und Jacob ist noch romanischen Ursprungs und inzwischen restauriert. Das Grabkreuz des Gerichtsschöffen Heinrich Brender befindet sich am Aufgang zum Pfarrhaus.

Lommersdorf-Tipps

(Postleitzahl 53945, Tel.-Vorwahl 02697)

Information:
- Siehe Verkehrsbüro Blankenheim

Gastronomie (Auswahl)
- Jägerhof: ruhig gelegen, mit Liegewiese, Biker-Treff, Tel.: 5 25, Fax: 5 82, Internet: www.westernstadt-lado-city.de, (Dz 46 €)

Künstler-Ateliers
- Altes Sägewerk: Bilder, Collagen, Gerlinde Amsel Korn, Uschi Brunen, Hühnerberg 7, Telefon/Fax 90 62 35, E-Mail: altessaegewerk@lommersdorf.de, Internet: www.altes-saegewerk.de.vu
- Atelier für Bildende Kunst: Experimentelle Malerei, Uschi Janda, Neuhofer Str. 1, E-Mail: Janda-Dohmen@web.de

Wanderwege
(um Lommersdorf – Blankenheimer Nummerierung)
- Rundweg 24 (6 km) Lommersdorf, Römerstraße, K41 (Schutzhütte, Auelbachtal, Sonnenweg (S), Lommersdorf;
- Rundweg 25 (8 km) Lommersdorf, Auelbachtal, Neuhof, Kapelle, Lommersdorf

LAMPERTSTAL

Der Lampertsbach entwässert große Teile der Dollendorfer Kalkmulde, die heute aus landschaftlichen wie gleichermaßen kulturgeschichtlichen Gründen gemeinsam mit den Alendorfer Kalktriften weitgehend unter Naturschutz steht. Der kalkige Untergrund rührt von einem Flachmeer aus dem Erdzeitalter des Devon her, dessen Ablagerungen auch Eisenverbindungen enthalten – die Grundlage für den Lommersdorfer Eisenerzabbau.

Die Nordhänge der Bergkuppen des Gebiets sind mit altem Buchenbestand bedeckt, die Südhänge tragen Kiefervegetation und mit Wacholder bedeckte Magerrasen, die Kalktriften. Die Talwiesen sind botanisch und zoologisch reichhaltig.

Gerade die Kalktriften stellen die Besonderheit des Lampertstals dar. Hier gibt es seltene Tierarten. Unter den Schmetterlingen sind dies der Schwalbenschwanz, der Baumweißling, die Goldene Acht, der Senfweißling und etwa der Diestelfalter. An seltenen Vögeln sind die Feldlerche, der Neuntöter, der Baumpieper und die Klappergrasmücke anzutreffen. Unter den Kriechtieren gibt es Zauneidechse, Bergeidechse, Schlingnatter und Blindschleiche. Besonders wertvoll im Lampertstal sind die Bestände an seltenen Pflanzen. Hier gibt es den giftigen Seidelbast, die Tollkirsche, die Akelei, den Tüpfelfarn, die ganz seltene Scheidige Kronwicke und vor allem den deutschen Enzian. Und natürlich gibt es viele Orchideenarten, das Knabenkraut und nicht zuletzt die Echte Sumpfwurz.

Auf den Höhen rund um das Lampertstal gibt es einige bauliche Sehenswürdigkeiten. Dazu zählt die Hermann-Josef-Kapelle auf

Am Oberlauf der Ahr

Die spätgotische Pfarrkirche von Ripsdorf

halbem Weg zwischen Hüngersdorf und Ripsdorf, ein kleines, unter einer großartigen Baumgruppe gelegenes Kirchlein aus dem 19. Jahrhundert. In Ripsdorf, zuletzt vor der Franzosenzeit im Besitz Blankenheims, steht die wuchtige spätgotische katholische Pfarrkirche St. Johann Baptist, ein zweischiffiger Bau, dessen Joche von zwei Säulen getragen werden. Daneben steht das reizvolle Pfarrhaus, gegenüber das Hotel Breuer, ein 1780 als Landgasthof errichtetes Gebäude. Sehenswert im Ort ist auch noch das „Brothaus" in der Tränkgasse, ein teilweise aus dem 17. Jahrhundert stammendes Fachwerkhaus-Ensemble.

Westlich von Ripsdorf steht in Waldorf die St.-Dionysius-Kapelle, ein spätgotischer zweijochiger Saalbau mit einem Barockaltar aus dem 17. Jahrhundert.

Wie viele andere Orte im Bereich des Lampertstals kann auch Alendorf, südlich von Ripsdorf am Oberlauf des Lampertsbaches gelegen, auf eine römische und fränkische Vergangenheit zurückblicken. Heute führt von der Kirche ein Kreuzweg zum Schlusskreuz auf dem Kalvarienberg. Hier hatte der Graf von Blankenheim 1663 eine heute nicht mehr vorhandene Kapelle errichten lassen. Die zu dieser Zeit angelegten Kreuzwegstationen wurden im 19. Jahrhundert auf vierzehn erweitert. Der Kalvarienberg ist noch heute in der Karwoche Ziel von Prozessionen.

Folgt man dem Lampertstal abwärts, so gelangt man vor der Kuppe „Am Kopp" rechts in ein Seitental, das nach Mirbach führt. Hier findet man mit der Erlöserkapelle einen Bau, der so gar nicht in diese Region zu gehören scheint. Nachfahren der Herren von Mirbach, ein Freiherr von Mirbach, der Zugang zum Hof Kaiser Wilhelms II. hatte, ließ hier 1902/03 am Ort

Heiligenfigur über dem Portal der Pfarrkirche St. Johann Baptist in Dollendorf

eine neoromanische Kirche errichten, die von dem gleichen Baumeister vollendet wurde, der auch die Kaiser-Wilhelm-Gedächtnis Kirche in Berlin erbaute.

Folgt man dem rechtsseitigen Höhenzug oberhalb des Lampertstals in Richtung Nordosten, so kommt man nach Dollendorf, einst eine große römische Siedlung, die sogar einen Marstempel aufwies. Das Prümer Urbar erwähnt den Ortsnamen Dollendorpt. Im Jahre 1077 wird Arnold de Dollendorpht als Herr des Ortes genannt. In den späteren Jahrhunderten verschuldeten sich die Herren von Dollendorf, und ihr Besitz kam endgültig Mitte des 18. Jahrhunderts an Blankenheim. Kinkel weiß darüber zu berichten: „Am übelsten ging es dem 1345 gestorbenen Friedrich von Dollendorf, der uns recht den Spruch darstellt:

Widersacher, Weiber, Schulden,
Ach, kein Ritter wird sie los!"

Und Kinkel fährt fort: „Ein trüberes Bild vom Sinken des kleinen Adels gibt es kaum als ihn." Dennoch verfügt Dollendorf über einige bemerkenswerte Bauten aus der Barockzeit. Die katholische Ortspfarrkirche St. Johann Baptist stammt auch aus dieser Epoche. Vom Vorgängerbau sind der Chor und der wuchtige Westturm verblieben.

Am Standort des Marstempels auf dem Weg von Dollendorf nach Schloßthal findet man heute die 1701 errichtete Antonius-Kapelle als achtseitigen Zentralbau inmitten des Kreuzweges vom Ort zur Burg vor, auf dem jährlich an Karfreitag Prozessionen stattfinden. Schloßthal selbst liegt auf einer Anhöhe oberhalb der Mündung des Lampertsbaches in die Ahr. Hier hatten die Herren von Dollendorf ihre Burg errichtet, die ihnen bis in das 15. Jahrhundert als Wohnsitz diente. Heute stehen nur noch Ruinen von der Burg, von der ein Mauerrest so in die Höhe ragt, dass er im Volksmund als „Finger Gottes" bezeichnet wird.

Wander-Tipp: Durch die Wacholderhaine im Lampertstal

Die 18,9 Kilometer lange Tageswanderung führt durch das zauberhafte wie gleichermaßen interessante Lampertstal.
Start ist in Ripsdorf, von wo der Weg zum Wacholderhain am Griesbeutel, mit 563 Metern die höchste Erhebung der Strecke mit herrlicher Weitsicht, führt. Über Alendorf geht es zum Kalvarienberg und dann abwärts in das Lampertstal. Danach folgt die Wanderung dem Tal über die Mirbacher Infotafel hinaus zum Abzweig nach Dollendorf. Weiter geht es über die Antoniuskapelle nach Schloßthal, dann zur Burgruine und hinter dem Jugendzeltplatz abwärts durch einen Wacholderhain an den Wanderparkplatz bei der Landstraße nach Ripsdorf. Von hier geht es über den Wacholderweg an den Ausgangspunkt in Ripsdorf zurück.
Die Strecke lässt sich problemlos vor Alendorf abkürzen. Einkehrmöglichkeit besteht in Ripsdorf.

AHRHÜTTE

Inmitten des Oberlaufs der von der hier noch kleinen Ahr gebildeten Wiesensohle liegt Ahrhütte, ein Ort mit geteilter Geschichte. Der Ortsteil am rechten Flussufer gehörte historisch zur Herrschaft Dollendorf, der Teil auf der linken Uferseite zur Herrschaft Arenberg. Im Arenberger Teil wurden die Erze aus Lommersdorf verhüttet. Die Hütte hier hatte man die Obere Hütte genannt, um sie von der Unteren Hütte in Antweiler zu unterscheiden. In Ahrhütte stellte man vermutlich seit der Zeit um 1475 Bau- und Stabeisen sowie Waffen her. Reste der früheren Eisenwerke sind hier zu sehen, so auch der Stollenhof aus dem 16. Jahrhundert. Der ehemalige Gasthof „Zur Linde", ein Rentmeisterhaus aus dem Jahre 1677, diente früher als Verwaltungsgebäude der Hütte. In seinem Giebel trägt es noch das alte Arenberger Wappen. Am rechten, dem Dollendorfer Ufer, bestand wahrscheinlich schon zur Zeit der Eisenverhüttung eine Mühle, ursprünglich im Besitz der Grafen von Manderscheid, Blankenheim und Gerolstein. Im heutigen Komplex der Dollendorfer Ölmühle ist ein Gasthaus untergebracht.

Tipps rund um das Lampertstal

Information
- Siehe Verkehrsbüro Blankenheim

Gastronomie (Auswahl)
- Waldcafé Maus: 53945 Blankenheim-Nonnenbach, Tel./Fax: (02449) 10 16, E-Mail: waldcafemaus@aol.com;
- Hotel Breuer: frische Küche, Wildgerichte, 53945 Ripsdorf, Hauptstraße 74, Tel.: (02449) 1009; Fax: (02449) 79 89, mit Restaurant

Wanderwege
(um das Lampertstal – Blankenheimer Nummerierung)
Vom Café Maus an der K 69 zwischen dem Ort Nonnenbach und Ahrmühle:
- Rundweg 11 (6 km) Café Maus, Schutzhütte „Am Stromberg", Schafbachtal, Ahrmühle;
- Rundweg 12 (4,5 km) Café Maus, Eichholzbachtal, Düwelsteen, Ripsdorfer Wald

Von Dollendorf:
- Rundweg 31 (5 km) Dollendorf, Kapelle, Schloßthal, Hangweg Lampertstal, Galgental, Dollendorf;
- Rundweg 32 (9 km) Dollendorf, Wacholderweg (W), Unterbusch, Michelsbachtal, Ahrtalweg (A), Fuhrbachtal, Dollendorf;
- Rundweg 33 (7 km) Dollendorf, Oberbusch, Erschfelder Seifen, Wacholderweg (W), Dollendorf;
- Rundweg 33a (3 km) Abkürzung über Roterberg;
- Rundweg 34 (7 km) Dollendorf, Roterberg, Wacholderweg (W), Dollendorf

Von Ripsdorf:
- Rundweg 35 (8 km) Ripsdorf, Lampertstal, Alendorf / Kalvarienberg, Ripsdorf;
- Rundweg 36 (6 km) Ripsdorf, oberes Lampertstal, Alendorf / Kalvarienberg, Ripsdorf;
- Rundweg 37 (8 km) Ripsdorf, Alte Kirche Alendorf, Griesheuel, Waldorf, Ahrmühle, Ripsdorf;
- Rundweg 37a) (5 km) Abkürzung von Griesheuel direkt nach Ripsdorf

Vom Wanderparkplatz Schafbach:
- Rundweg (6 km) durch das Tal auf dem WW6, Dreisbachtal (WW6b), zurück durch das Tal;
- Rundweg (7,5 km) Wacholderweg (W) in Richtung Ripsdorf, Reipstal (WW35), Lampertstal (WW35) und zurück;
- Rundweg (7 km) dt. über Hüngersdorf (WW35)

AHRDORF

Von Blankenheim kommend, liegt Ahrdorf unmittelbar vor der ersten großen Schleife, die die Ahr auf ihrem weiteren Weg abwärts vollzieht. Der eigentliche Ort befindet sich am rechten, südlichen Ahrufer, die durchgehende Bundesstraße B 258 auf der gegenüber liegenden Flussseite.

In der Region von Ahrdorf haben schon die Römer ihre Spuren hinterlassen – südlich von Ahrdorf wurde beim Beuerhof ein gut erhaltener römischer Gutshof ausgegraben und später wieder zugeschüttet. Urkundlich wird Ahrdorf erstmals im Jahre 970 als Schenkung von Ort und Kapelle an die Trierer Abtei St. Maximin genannt. Lange Zeit hielten die Ritter von Mirbach den Ort in ihrem Besitz. Ab dem 15. Jh. waren die Herren von Gerolstein und die von Blankenheim auch die Herren von Ahrdorf.

Die Schreibweise des Ortes veränderte sich im Laufe der Jahrhunderte. In der oben erwähnten Urkunde von 970 heißt der Ort „Aredorph", 975 „Aredorff", 1588 „Aerendorp". Erst auf der offiziellen Karte des Herzogtums Arenberg, die 1715 von einer älteren Karte abgezeichnet wurde, ist der Ort als Ahrdorf verzeichnet.

Erst mit dem Eisenbahnbau in der Eifel erhielt auch Ahrdorf Anschluss an die „große weite Welt". Ahrdorf war dabei sogar ein richtiger Eisenbahn-Knotenpunkt, der die Verbindung zwischen der verlängerten Ahrtalbahn mit der Eifelbahn Köln – Trier herstellte, und deshalb auch einen großzügigen Bahnhof erhielt, der heute als denkmalgeschützte Jugendtagungsstätte genutzt wird. Außerdem besaß der Bahnhof Ahrdorf einen dreiständigen Ringlokschuppen mit Drehscheibe. Doch die Eisenbahn brachte den Ahrdorfern nicht nur Glück. Am Ende des Zweiten Weltkriegs war Ahrdorf – insbesondere auch wegen des massiven Bahntransports militärischer Güter im Rahmen der Ardennenoffensive – mehrfach das Ziel feindlicher Bomber. Längst ist die Eisenbahn still gelegt, die Trasse aber noch vielfach zu erkennen. Und längst ist Ahrdorf ein Teil der Stadt Blankenheim.

Sehenswert an Ahrdorf ist vor allem die dem Heiligen Hubertus geweihte Ortskapelle. „Terribilis est locus iste" – „Ehrfurcht gebietend ist dieser Ort". Dieser Satz steht eingemeißelt in der Umrahmung ihres Westportals. Die Inschrift stammt aus dem Jahre 1710, die Kapelle jedoch ist wesentlich älter. Möglicherweise ist sie noch von den reichen Klosterherren von St. Maximin erbaut worden. Eine Baufuge zwischen Chor und Schiff der Kapelle lässt darauf schließen, dass sie in zwei Zeitabschnitten errichtet wurde. So entstand das Kapellenschiff vielleicht noch in frühromanischer Zeit als ein rechteckiger Bau, in dem im Osten der Altarraum durch eine Wand mit einem Triumphbogen abgetrennt ist. Danach erweiterte man im 11./12. Jahrhundert den Bau durch den nach Osten sich leicht verjüngenden Rechteckchor. In der 2. Hälfte des 12. Jahrhunderts erfolgte die Einwölbung. Um 1400 erfolgte der Einbau des spitzbogigen Fensters im Chorscheitel, Anfang des 15. Jahrhunderts wurden die Glocken angeschafft, von denen eine noch vorhanden ist. 1750 wurde der barocke Hubertus-Hochaltar aufgestellt, der bisherige als südlicher Seitenaltar weiter verwendet. Im Zuge der Erneuerung des Westportals erhielt dieses die oben genannte Inschrift. Gleichzeitig erweiterte man die Fenster im Kapellenschiff. Renovierungsarbeiten nach dem Krieg erbrachten der Kapelle ihr heutiges Erscheinungsbild.

Ausflug in das Ahbachtal

Kurz unterhalb von Ahrdorf mündet der Ahbach als wichtigster Zufluss der oberen Ahr. Zunächst fällt bei der Fahrt talaufwärts das Gebäude des ehemaligen Ahrdorfer Bahnhofs ins Auge.

Ein Stück weiter erhebt sich die Burgruine Neu-Blankenheim auf einem von einem Grat abgetrennten Felskegel oberhalb des Ahbachtals. Die wehrhafte Anlage stammt aus dem Jahre 1341. Markgraf Wilhelm von Jülich übertrug die Burg Gerard V. von Blankenheim zusammen mit der Burg zu Gerolstein als Erblehen. Danach wechselte sie immer wieder den Besitzer, kam nach der Franzosenzeit in private Hände und gehört nunmehr, längst zur Ruine geworden, dem Kreis Daun. Erhalten sind aufgehende Mauerreste und Teile der Burgtürme. Der Hauptturm der Burg ist der Südwestturm, der in einer Höhe von 24 Metern erhalten ist. Öffnungen in Höhe des vierten Geschosses deuten darauf hin, dass der Turm einen massiven Turmerker besessen hat.

Es folgt Ahütte am Ahbach. Auch hier gibt es noch ein reizvolles Bahnhofsgebäude – allerdings wird das Erscheinungsbild des Ortes von der „Hütte" bestimmt.

Im nahe gelegenen Üxheim, Ortsteil Niederehe, steht ein ehemaliges Prämonstratenserinnenkloster, das 1175 durch drei Herren aus Kerpen gegründet und 1226 der Abtei Steinfeld unterstellt wurde. Zu Beginn des 16. Jahrhunderts erfolgte die Umstellung in ein Männerkloster. Die Klosterkirche stammt aus dem 12. Jh. und beherbergt das Grab des Grafen Philipp von der Marck und der Katharina von Manderscheid. Zur Innenausstattung gehört das 1530 gefertigte Chorgestühl. Die Bilder in der Kirche stammen aus dem 17. Jahrhundert. Restauriert ist die barocke Balthasar-König-Orgel, die älteste spielbare Orgel in Rheinland-Pfalz.

Ahrdorf-Tipps

(Postleitzahl 53945, Tel.-Vorwahl 02697)

Information
- Siehe Verkehrsbüro Blankenheim
- Tagungshaus 'Bahnhof Ahrdorf' e.V.: Tel./Fax: 74 56, Internet: www.bahnhof-ahrdorf.de

Gastronomie (Auswahl)
- Gasthof Frings-Mühle: Hubertusstr. 19, Tel.: 74 25, Fax: 14 51, (Dz 45 €), mit Campingplatz;
- Café-Restaurant „Weisses Haus": Unmittelbar unterhalb des Ortes an der Bundesstraße, im Stil eines Jagdhauses eingerichtet, Tel.: 90 11 18

Wanderwege
(Blankenheimer Nummerierung)
- Rundweg 26 (3 km) Hangweg, Ahrbrücke, Campingplatz;
- Rundweg 27 (2 km) Campingplatz, Feriendorf am Bahnhof;
- Rundweg 28 (10 km) Campingplatz, Ahbachtal, Hammer Mühle, Straßenunterführung, Grillhütte vor dem Beuerhof, Wacholderweg

MÜSCH

Unterhalb von Ahrhütte vollzieht die Ahr ihre erste große, weit ausholende Schleife und wendet ihren Verlauf ab nun nordostwärts – hier betritt man das Gebiet der Verbandsgemeinde Adenau. Inmitten dieser Flussschleife stehen noch die Gebäude der alten Dorseler Mühle, eine herzoglich-arenbergische Einrichtung aus dem 17. Jahrhundert, die noch bis 1957 in Betrieb war.

Ein Stück weiter flussabwärts stand ein ehemaliges Hüttenwerk, die Ende des 17. Jahrhunderts von den Herzögen von Arenberg errichtete Dorseler Eisenhütte. Noch zu Anfang des 19. Jahrhunderts bestand die Hütte aus zwei sieben Meter hohen Hochöfen und zwei Hämmern, die von der Ahr betrieben wurden. Kinkel findet sie auf seiner Wanderung nach Blankenheim vor: „Die Ahr wird zusehends kleiner und erscheint zuletzt nur als vielgewundener Wiesenbach. Manch schöne Plätzchen, stille Dorfschaften, lustige Eisenschmelzen und Hammerwerke finden sich noch dort." Um 1870 wurde die Hütte allerdings mit dem Rückgang der Eifeler Eisenindustrie aufgegeben und abgebrochen. Heute befindet sich dort ein Campingplatz.

Katharina-Kapelle in Müsch

An dieser Stelle führt auf dem linken Ufer die Fahrstraße nach Dorsel in zwei Serpentinen hoch. Die erste Erwähnung des Ortes geht auf das Jahr 1149 zurück. 1251 belehnte Heinrich von Arenberg in seiner Eigenschaft als Burggraf zu Köln Cuno von Reuland mit der „Villa Dorsel". Im Ort angekommen, steht rechter Hand ein altes Gutsgehöft, hervorragend restauriert, links biegt man zu der dem Heiligen Sebastian geweihten Pfarrkirche des Ortes ein. Ihr wuchtiger Turm datiert voraussichtlich aus dem 12. Jahrhundert und muss einst Verteidigungszwecken gedient haben. In ihrem Inneren birgt sie eine Marienstatue mit dem Jesuskind, beide mit Silberkronen geschmückt.

In Müsch verlässt die Bundesstraße 258 das obere Ahrtal, um dann dem Trierbach in Richtung Nürburgring zu folgen. Auch Müsch kann auf eine lange Geschichte zurückblicken – erstmals wird der Ort im Jahre 975 in einer Grenzbeschreibung des Pfarrbezirks Reifferscheid genannt. Aus dem gleichen Jahr stammt eine Urkunde des Trierer Archidiakons Wicfried, welche die Trierer Abtei St.-Maximin als Besitzer des als Muska genannten Ortes angibt. In weiteren Urkunden aus den Jahren 1245 und 1263 wird ein Ritter Theuderich von Musche als Besitzer von Gütern in der Pfarrei Müsch genannt. Spätere Unterlagen besagen, dass Müsch keine eigene Pfarrei mehr darstellte, sondern als Filiale der Pfarrei Antweiler angegliedert war. Im Jahre 1787 wurde in Müsch eine neue, der Heiligen Schutzpatronin Katharina geweihte Kapelle gebaut, die 1864 renoviert und in den 70-er Jahren des vorigen Jahrhunderts umgebaut und erweitert wurde.

Pestkreuze in der Gemarkung Müsch verweisen auf den Ausbruch dieser Seuche im Nachbarort Rodder im 17. Jahrhundert. Da halfen die Müscher Bürger ihren Nachbarn, in dem sie das Getreide an einer Stelle zwischen beiden Orten abholten, es in ihrer Mühle mahlen ließen und dann dort wieder abstellten.

Die Müscher Mühle kann in ihrem Bestehen bis in das Jahr 1200 zurück blicken. Zu diesem Zeitpunkt wird sie im Bestand des Klosters Maximin in Trier aufgeführt. 1432 gelangte sie in den Virneburgischen Besitz. Nach dem Dreißigjährigen Krieg musste sie neu aufgebaut werden. Erst 1910 wurde sie endgültig abgerissen.

Müsch-Tipps

- Information: Tourist-Information Hocheifel-Nürburgring, 53518 Adenau, Kirchstraße 15, Tel.: (02691) 3 05 16, Fax: (02691) 30518, E-Mail: tourismusverein@adenau.de, Internet: hocheifel-nuerburgring.de

Wanderwege
- Rundweg 1 (7 km) Dorfbrunnen, Ahrstraße, Gasthof Heideweg, Schutzhütte, Höhenpunkt 387, Antweiler, Bahnhofstraße, Rodderweg, Hangweg, Bergstraße, Kapellenstraße;
- Rundweg 1a (4 km) Abkürzung ab Höhenpunkt 387 zum Höhenpunkt 380 über den Gasthof zurück über die Ahrstraße;
- Rundweg 2 (5 km) Dorfbrunnen, Ahrstraße, Bergstraße, Heiligenhäuschen, Wegekreuzung, Fernsehumsetzer, Bergstraße;
- Rundweg 3 (4 km) Dorfbrunnen, Kapellenstraße, Buchenweg, Am Bergsrutsch, Fernsehumsetzer, Bergstraße;
- Rundweg 4 (2 km) Dorfbrunnen, Brückenstraße, Friedhof, Waldrand, Tunnel, Bahnhofstraße;
- Rundweg 5 (6,5 km) Dorfbrunnen, Brückenstraße, Friedhof, Stahlhütte, Höhenpunkt 308, Hohlweg, Höhenpunkt 386, Müscher Schweiz, Heideweg, Ahrstraße

ANTWEILER

Auch Antweiler, inmitten des oberen Ahrtals am Fuße des Aremberges gelegen, wurde wie Müsch im Jahre 975 erstmals in der urkundlichen Grenzbeschreibung des Pfarrbezirks Reifferscheid als Ametwilere genannt und auch als Pfarrei bezeichnet. Die Siedlung selbst ist aber wohl schon in merowingischer Zeit entstanden, was sich auch aus der Endung -weiler ableiten lässt. Sechs Jahrhunderte bis zum Einmarsch der Franzosen 1794 gehörte Antweiler zur Grafschaft und späteren Herzogtum Arenberg und profitierte wie das gesamte Herrschaftsgebiet von der örtlichen Eisenindustrie. Über einen längeren Zeitraum wurden hier die Erze verhüttet. In der im unterhalb von Antweiler von Osten einmündenden Limbachtal gelegenen „Grube Wilhelm" wurden sogar noch bis 1930 Kupfererze abgebaut. Die Grube möchte man übrigens zum Besucherbergwerk ausbauen, es fehlen aber noch die Mittel dafür.

Die dem Heiligen Maximinus gewidmete frühere Pfarrkirche Antweilers stand auf einer Anhöhe, dem heutigen „Kirmesberg"(Kirchmessberg). Im Jahre 1762 erfolgte ihr durch den Herzog initiierter Neubau. Aus Anlass der 1000-Jahr-Feier von Antweiler wurde die Kirche 1975 restauriert und bildet in ihrem

Ausflugs-Tipp nach Aremberg

Der Aremberg verdankt seine Entstehung dem tertiären Vulkanismus in der Eifel. Durch Erosion blieb seine 623 Meter hohe Kuppe weithin sichtbar stehen – heute steht die Erhebung wegen ihrer geologischen und forstlichen Bedeutung unter Naturschutz. Hier errichteten die Herren von Arenberg ihre Burg, die sie nach der Zerstörung durch französische Truppen unter Ludwig XIV. in ein respektables Barockschloss verwandelten. Eine herausragende Persönlichkeit unter den Burgherren verdient besondere Erwähnung: Margaretha, Fürstin von Arenberg. Sie trat 1544 mit 17 Jahren das Arenberger Erbe an. Sie war es, die nicht nur die Land- und Forstwirtschaft, sondern vor allem auch den Erzbergbau in ihrem Herrschaftsbereich förderte. Für die Verarbeitung wurden die Hütten von Antweiler, Ahrhütte und Stahlhütte errichtet. Mit diesem einträglichen Geschäft war die wirtschaftliche Grundlage der Selbstständigkeit des späteren Herzogtums geschaffen, die bis zum Einmarsch der französischen Revolutionstruppen aufrechterhalten werden konnte.

Von dem Arenberger Schloss sind nur Grundmauern verblieben. Der gesamte Ort war vormals von einer Mauer umgeben. Sehenswert ist die Ortspfarrkirche, die aus der Auflösung des Klosters Marienthal im Zuge der Säkularisation wertvolle Barock-Ausstattungsstücke erhielt, so drei Altäre, den Beichtstuhl, die Kommunionsbank und die Kanzel. Den Hauptaltar musste man kürzen, um ihn in der kleinen Kirche aufstellen zu können. Seit der Renovierung in den Jahren 1981-1987 erstrahlt die Pfarrkirche in neuem Glanz.

- Information im Internet: www. aremberg.de
- Gasthof zur Burgschänke: 53533 Aremberg, Burgstraße 23, Tel.: (02691) 3 91, Fax: (02691) 93 10 18, Panorama-Sicht, gutbürgerliche Küche (Dz ab 60 €)
- Wanderwege: vier ausgeschilderte Rundwanderwege von 3 bis 12,5 km Länge zu den Höhenpunkten 513 und 511, zum Lenzerhof, ins Eichenbachtal und zum Kapellenberg

Am Oberlauf der Ahr

Barockaltar in der Ortspfarrkirche von Aremberg

Wegekreuz bei Ahremberg

schmucken Weiß immer noch den Ortsmittelpunkt.

Antweiler wurde im Laufe seiner Geschichte mehrfach und heftiger als andere Orte an der Ahr von Hochwassern heimgesucht. An Christi Himmelfahrt 1601 ertranken sechs Einwohner des Ortes und 16 Gebäude wurden weggeschwemmt. Am schlimmsten war es beim Hochwasser des Jahres 1910, das im gesamten Tal wütete und dem in Antweiler 140 Streckenbauarbeiter der Bahn zum Opfer fielen – im Ort befand sich nämlich die Bauzentrale für den Eisenbahnstreckenabschnitt von Dümpelfeld bis Jünkerath.

Die beiden Antweiler Mühlen stehen auf dem rechten Ahrufer. Es sind dies die bereits 1525 genannte Mahlmühle und die Eisenhütte, die beide in Arenbergischem Besitz waren. Der Neubau der Getreidemühle aus dem Jahr 1686 mit zwei unterschlägigen Wasserrädern wurde 1913 durch einen erneuten Neubau ersetzt. Die Eisenhütte mit Hammer und Eisenschneidemühle wurde schon vor 1510 errichtet, ihre letzten Gebäudereste fielen 1910 dem Eisenbahnbau zum Opfer.

Exkurs: Eisenindustrie in der Osteifel

Der Eisenerzabbau und die Erzschmelze lassen sich in der Eifel bis in die Römerzeit zurückverfolgen. Im Mittelalter wurde an diese Tradition angeknüpft, und die Eifel entwickelte sich zu einem wichtigen Eisenlieferanten der Reichs. Dafür sorgten hervorragende und leicht abbaubare Erze mit 35 bis 40 Prozent Eisengehalt, der Holzreichtum, der die zur Verhüttung notwendige Energie lieferte, und zahlreiche Wasserläufe, die für Blasebälge und Hammerwerke Voraussetzung waren. Doch für die Eisenverhüttung waren enorme Holzmengen erforderlich. Um 15 kg Eisen zu gewinnen, mussten 23 Kubikmeter Holz verfeuert werden! Weitsichtige Landesfürsten versuchten, dem entgegen zu wirken und verfügten schon im ausgehenden Mittelalter per Erlass, den Raubbau an den Wäldern einzuschränken.

Ein jähes Ende fand die in Blüte stehende Eifeler Eisenindustrie mit der Übernahme des Rheinlandes durch Preußen im Jahre 1815. Das bedeutete das Abschneiden der Eifeler Eisenproduktion vom Absatzmarkt Lüttich. Die zu Beginn der Preußenzeit kaum ausgebaute Infrastruktur verursachte erhöhte Transportkosten, die das Eifeler Eisen unrentabel machten. Des Weiteren beschleunigten der Raubbau an den Wäldern und die daraus folgende Verknappung des Energieträgers Holzkohle den Untergang der Eisenindustrie in der Eifel. 1881 wurde der letzte Eifeler Hochofen ausgeblasen und der letzte Hammer stand still.

Am Oberlauf der Ahr

Blick auf Aremberg

Antweiler-Tipps

(Postleitzahl 53533, Tel.-Vorwahl 02693)

Information
- Tourist-Information Hocheifel-Nürburgring, 53518 Adenau, Kirchstraße 15, Tel.: (02691) 3 05 16, Fax: (02691) 30518, E-Mail: tourismusverein@adenau.de, Internet: www. hocheifel-nuerburgring.de; www. antweiler.de

Gastronomie (Auswahl)
- Hotel-Restaurant zur Traube: Ahrtalstraße 36, Tel.: 2 36, Fax: 13 59 (Dz 44-56 €)

Wanderwege
- Rundweg 1 (7,5 km) Eichenbacher Weg, Buchenallee, Aremberg, Aussichtsturm und zurück
- Rundweg 1a (7,5 km) Eichenbacher Weg;
- Rundweg 2 (12,5 km) Marktplatz, Ahrbrücke, Unterführung, Limbachtal, Reifferscheid, Fatima-Kapelle, Wolfsforst, Bunes Nück, Limbachtal, Unterführung, Nikolaus-Lenz-Brücke, Ahrtalstraße;
- Rundweg 3 (6 km) Zum Fernsehturm, Ahrtalweg A, Rodderweg und zurück;
- Rundweg 4 (6 km) Kirche, Weg zur Heide, Höhenpunkt 387, nördliche Heidehöfe, Hühnenbachtal, Bachstraße, Arembergstraße

SCHULD

Auf dem Weg von Antweiler nach Schuld durch das reizvolle Ahrtal kommt man an Fuchshofen und dann am stattlichen Anwesen des Laufenbacher Hofes vorbei. Über Fuchshofen liegen nur wenig Quellennachweise vor. Das Hochwasser von 1910 brachte auch hier einigen Bahnarbeiten den Tod, die Brücke stürzte teilweise ein. Im Zweiten Weltkrieg deponierte man im Fuchshofener Eisenbahntunnel V1- und V2-Raketen, die dann von Tondorf, Rohr und Lommersdorf abgeschossen wurden. In Fuchshofen wurden wegen dieser wichtigen strategischen Lage durch alliierte Angriffe 80 Prozent der Häuser zerstört.

An der Streifenauer Brücke unterhalb von Fuchshofen mit dem schönen Fachwerkhaus daneben wechselt die Fahrstraße zum linken Ahrufer über. Hier biegt der Weg nach Wershoven ab. Nach mehreren breit ausladenden Ahrwindungen mündet von Nordwesten kurz vor Schuld der Armutsbach in die Ahr – eine treffende Namensgebung für die Situation der Menschen hier im 19. Jahrhundert.

Schuld selbst liegt an der Engstelle einer weiten Ahrschleife. Die der Heiligen Gertrudis geweihte Pfarrkirche aus dem 13. Jahrhundert erhebt sich genau an dieser Engstelle und prägt damit das Ortsbild in einmaliger Weise.

Auch Schuld wurde erstmals im Jahre 975 in der Raifferscheider Grenzurkunde erwähnt, in der wir auch Müsch und Antweiler finden – obwohl hier schon längst Kelten und Römer gesiedelt hatten. Der Ortsname „Scolta" leitet sich übrigens aus dem Keltischen ab. Seit dem 13. Jahrhundert gehörte Schuld zum Erzbistum Köln und unterstand bis zur napoleonischen Ära dem kurkölnischen Amt Adenau.

Am Ende des Zweiten Weltkrieges wurde die St.-Gertrudis-Kirche Opfer eines Bombenangriffs und bis auf den Turm und den Altarraum zerstört.

Der kleine Ort Schuld hat sich vor über 50 Jahren eine Freilichtbühne hinter der Schornkapelle zugelegt, deren Aufführungen weit über die Eifel hinaus bekannt sind. Mit Liebe und Hingabe führen die Mitglieder der „Spielschar Schuld" alljährlich neue Stücke auf und begeistern mit ihren Aufführungen von Schillers „Wilhelm Tell" oder Hugo von Hoffmannsthals „Jeder-

---

Der General-Anzeiger schreibt über die Passionsspiele in Schuld:

Die Bärte wachsen wieder, und die Nadeln laufen wieder heiß. In der 860-Seelen-Gemeinde an der Ober-Ahr. Manches alte Kostüm passt noch dem, der schon dabei war, andere Gewänder müssen neu angepasst werden. Dazwischen werden in Schuld eifrig Texte geprobt und Musikstücke ausgewählt. Regisseur Walter Pfahl und Pfarrer Gerold Rosenthal kennen das alles schon, und auch die Mitglieder ihrer Gemeinde sind schon Routiniers, was die Schauspielerei angeht. Die Spielschar, deren Mitbegründer Pfahl ist, zieht alljährlich tausende von Zuschauern auf die Freilichtbühne. Und in der Fasten- und Osterzeit präsentiert die Gemeinde in unregelmäßigen Abständen christliche Darbietungen, so auch „Die Passion. Das Leiden und Sterben unsers Herren Jesus Christus".

Am Oberlauf der Ahr

*Ginsterlandschaft
oberhalb von Schuld*

Fachwerkbauten in Schuld

mann" bis zur Wilhelm Hauffs heiterer Räuberpistole „Das Wirtshaus im Spessart" oder Michael Endes Märchen „Momo" das Publikum. Darüber hinaus werden in unregelmäßigen Abständen in der St.-Gertrud-Kirche von Schuld Passionsspiele aufgeführt. Die Schulder Passion ist die von Pfarrer Gerold Rosenthal überarbeitete Passion des Evangelisten Markus

Kinkel war ganz begeistert von der „Schorrenkapelle", wie er sie noch nennt, und beschreibt den Weg dorthin: „Den Felspfad aufwärts gelangt man zur Schorrenkapelle, einem der schönsten Punkte der ganzen Ahr. Fast völlig senkrecht stürzt unter der Kapelle die graue Steinwand ins Tal hinunter, von Gestrüpp bedeckt; aus der Tiefe braust der Fluß herauf, der hier mit starker Windung gegen den Felsen stürzend dennoch von diesem wieder links hin abgelenkt wird."

Der Bau der Schornkapelle am Rande des vormaligen Fuhrweges von Insul nach Schuld geht – der Legende nach – auf ein

Gelübde des Bauern Schorn zurück, der auf dem Heimweg von der Mühle in Insul bei aufkommendem Ahrhochwasser beinahe in ihren reißenden Fluten ertrunken wäre. Die Kapelle muss älter als 300 Jahre sein, denn bereits 1719 ist eine erste Renovierung belegt. Ein Neubau wurde 1879 errichtet, denn inzwischen wurden Karfreitagsprozessionen zur Kapelle durchgeführt. Für eine Pietà aus dem 17. Jahrhundert, die in der Mittelnische des Altars stand und 1972 gestohlen wurde, schnitzte der Bildhauer Georg Gehring aus Adenau eine originalgetreue Kopie. Im Jahre 1976 baute die Pfarrei den Prozessionsweg zur Kapelle als Siebenschmerzen-Weg aus – in sieben Stationen werden seither die sieben Schmerzen Mariens dargestellt. 1994 wurde die Kapelle restauriert. Innen und außen erhielt sie einen neuen Anstrich. Der Altar wurde gestrichen und erhielt eine Auflage aus Blattgold.

Die Mühle zu Schuld gehörte im 17. Jahrhundert einem Adeligen namens Wilhelm von Orsbeck-Burscheid, der sie an das Kölner Domkapitel verlehnt hatte – dieses wiederum verpachtete sie an einen Müller gegen Pachtzins aus Hafer, Malter, Hühnern, Eiern und Geldabgaben. Die Mühle wurde erst 1958 stillgelegt.

Schuld-Tipps

(Postleitzahl 53520, Tel.: Vorwahl 02695)

Information
• Verkehrsverein Schuld: Hauptstraße 16, Tel. 8 55
• Freilichtbühne: Tel.: 3 18,
E-Mail: freilichtbühneschuld@ nordeifel.de,
Internet: www. nordeifel.de/schuld/schuld. html

Gastronomie (Auswahl)
• Hotel Schaefer: Schulstraße 2, gastlicher Familienbetrieb, Tel. 3 40, Fax: 16 71, E-Mail: hotel-schaefer@t-online.de, (Dz 53-80 €); • Hotel Restaurant-Café Zur Linde: Domhofstraße 2, Tel.: 2 01, Fax 17 79 (Dz 36-52 €)

Wanderwege
• Rundweg 1 (9 km – gelbes Dreieck): Alte Ölmühle, Im Deistig, Am Berg, Weilskopf, Am Steinkreuz, Jugendheim, Friedhof Sierscheid, Bellesheck, Römerstraße, Im Domhof;
• Rundweg 2 (8 km – schwarze Raute): Wanderparkplatz, Kirche, Schornkapelle, Hauster Seifen, Prümer Tor, Jagdhaus, Scheidt, Winnerath, Höhe 392, Ahrtalweg;
• Rundweg 3 (11 km – roter Punkt): Kirche, Im Wölfsau, Streitenau, Kottenborner Berg, Armutsbachtal, Schuld;
• Rundweg 4 (8 km – blaues Quadrat): Alte Ölmühle, Im Deistig, An der Lecker, Harscheid, Rupperath, Talweg;
• Rundweg A1 (5,5 km): Kirche, Ahrbrücke, Alte Ölmühle, Ahrstraße, Harscheid, Branderhardt, Im Deistig, Alte Ölmühle;
• Rundweg A2 (6 km): Kirche, Ahrbrücke, Alte Ölmühle, Ahrstraße, Weilskopf, Am Steinkreuz, Römischer Gutshof, Römerstraße, Im Domhof

Bildhaueratelier
• Natursteine Kaspers, Münstereifeler Straße 3, Tel. 2 91, Fax: 14 38, E-Mail: info@natursteine-kaspers.de

Freilichtbühne in Schuld

INSUL

Unterhalb von Schuld liegt der kleine Ort Insul beim charakteristischen Umlaufberg, „Burg" genannt, um den einst der Fluss in einem großen Bogen floss, bis er seinen heutigen geraderen Verlauf wählte. Dieser Burgberg diente offensichtlich schon den Kelten als Fliehburg vor den anrückenden Germanen, und auch die Römer hatten eine Befestigung angelegt. Noch während des Dreißigjährigen Krieges sollen sich die Einwohner zum Schutz vor durchmarschierenden Truppen dorthin zurückgezogen haben. Am Wallgraben, rund um das Burgplateau, wurden römische Scherben gefunden. Auch der Ortsname soll römischen Ursprungs sein und sich auf lateinisch insula (= Insel) beziehen, womit wohl der inselförmige Burgberg gemeint war. Die erste urkundliche Erwähnung Insuls erfolgte 1269 als „Oensel supra Aram" (= Oensel jenseits der Erhöhung). Heinrich von Insul wird als erster Träger des Ortsnamen im Jahre 1272 urkundlich genannt. Bis 1290 gehörte Insul zur Grafschaft Nürburg, danach zum kurkölnischen Schultheißenamt Schuld. Als Ende des 17. Jahrhunderts französische Truppen in da Rheinland einfielen, zerstörten sie auch die Befestigungsanlagen der Burg.

Seit dem 16. Jahrhundert wird die Ortschaft Insul kirchlich als als Filiale von Schuld erwähnt. 1631 errichtete man hier eine Kapelle zu Ehren des Heiligen Rochus, die allerdings 1882 abgerissen wurde. Der Neubau konnte schon zwei Jahre später fertig gestellt werden.

Unterhalb von Insul steht in malerischer Lage mit ihrem großen Wasserrad die im Jahr 1556 erstmals erwähnte „Stappen-Mühle", die zur Gemeinde Dümpelfeld gehört und nach ihrem Pächter „Hahnensteiner Pitter" auch „Hahnensteiner Mühle" genannt wird. Über dem steinernen Türbogen des heutigen Mühlengebäudes steht die Jahreszahl 1729.

Insul-Tipps

(Postleitzahl 53520, Tel.-Vorwahl 02695)

Information
- Tourist-Information Hocheifel-Nürburgring, 53518 Adenau, Kirchstraße 15, Tel.: (02691) 3 05 16, Fax: (02691) 30518, E-Mail: tourismusverein@adenau.de, Internet: hocheifel-nuerburgring.de

Gastronomie (Auswahl)
- Hotel-Restaurant Haue Ewerts: Ahrstraße 13, Tel.: 3 80, Fax: 17 23 (Dz 41-88), gutbürgerliche Küche, mit Sonnenterrasse;
- Gästehaus-Pension Keuler: familiär geführtes Haus, Hauptstraße 32, Tel.: 2 24, Fax.: 13 12 (Dz 42-50 €);
- Gästehaus Kleines Paradies: Ahrstraße 3, Tel.: 93 18 01 (Dz 40 €)

Wanderwege
- Rundweg 1 (8 km): Kapelle, Ahrbrücke, Kotzard, Sierscheiderbachtal, Dümpelhardt, Kapelle Sierscheid, Sierscheiderbachtal, Unterführung, Sportplatz; • Rundweg 2 (4 km): Kapelle, Heiligenhäuschen, Rettersseifen, Hollenhardt;
- Rundweg 3 (5,5 km). Kapelle, Heiligenhäuschen, Kapellchen Judas Taddäus, Scheidt, Hollenhardt;
- Rundweg 4 (3,5 km): Kapelle, Ahrbrücke, Tunnel, Ahrufer

Am Oberlauf der Ahr

Die Hahnensteiner Mühle unterhalb von Insul

DÜMPELFELD

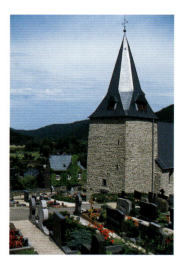

Die Ortspfarrkirche von Dümpelfeld

In Dümpelfeld trifft der Adenauer Bach auf die Ahr – von Süden kommend hat es eigentlich viel eher den Anschein, dass sich das Ahrtal aufwärts in das Adenbacher Tal fortsetzt. „Denn die Ahr biegt hier plötzlich in einem rechten Winkel ab", wie Kinkel in seinem Bericht über die Ahr zu diesem Naturphänomen bemerkt, „während der Adenaubach in gerader Richtung in sie hineinfällt, als ob er der Hauptstrom wäre". Geprägt wird das Ortsbild von der in den 60-er Jahren des vorigen Jahrhunderts auf erhöhtem Standort oberhalb der Flussmündung errichteten Marienkirche.

Erstmalige Erwähnung findet Dümpelfeld in einer Urkunde des Abtes Maximinus von Trier aus dem Jahre 1153, in der ein Carolus von Dumplenvelt genannt wird. Hundert Jahre später taucht schon eine Villa Dumpinvelt auf. Der kurkölnische Ort war dem Amt Nürburg unterstellt. Im 15. Jahrhundert war offensichtlich die Johanniterkommende von Adenau in Dümpelfeld begütert. War Dümpelfeld zuvor noch der Pfarrei von Hönningen unterstellt, so bildete der Ort ab 1664 ein eigenes Kirchspiel. Die alte, schon im 13. Jahrhundert errichtete Kapelle, dient heute noch als Friedhofskapelle.

Jahrhunderte verharrte Dümpelfeld fernab von allen „großen" Ereignissen, was sich dann allerdings mit dem Bahnbau im Ahrtal Ende des 19. Jahrhunderts änderte. Dümpelfeld lag sogar an einem Eisenbahndreieck, dem Abzweig nach Adenau von der strategisch so wichtigen Linie nach Jünkerath.

Dümpelfeld-Tipps

(Postleitzahl 53520, Tel.-Vorwahl 02695)

Information
• Tourist-Information Hocheifel-Nürburgring, 53518 Adenau, Kirchstraße 15, Tel.: (02691) 3 05 16, Fax: (02691) 30518, E-Mail: tourismusverein@adenau.de, Internet: www.hocheifel-nuerburgring.de; www.adenau.de

Gastronomie (Auswahl)
• Gasthaus „Zur alten Buche": Bundesstaße. 32, Tel. 3 50, Fax: 93 14 52, Internet: www.gasthaus-zur-alten-buche.de, Spezialität: Eifeler Wildgerichte (Dz 35-45 €)

Wanderwege
• Rundweg 1: (9 km) Ortsmitte, Ahrbrücke, Sierscheiderbachtal, Dümpelhardt, Liers;
• Rundweg 2: (6 km) Ortsmitte, Schalt, Dicke Eiche, Wingertsbachtal;
• Rundweg 3: (5 km, Karl-Kaufmann-Weg) Oberhalb Wochenendhäuser, Denntal, Senke abwärts, Waldrand talaufwärts, durch den Wald zurück zum Karl-Kaufmann-Weg;
• Rundweg 4: (11 km) Dorfplatz, Schalt, Dicke Eiche, Karl-Kaufmann-Weg, Teichberg, Pinselseifen, Niederadenau;
• Rundweg 5: (5,5 km) Niederadenau, Pinselseifen, Walddistrikt 168, Stemmbachtal;
• Rundweg 6: Ortsmitte, Menzelhardt, Lückenbach, Niederadenau

Ausflugs-Tipp nach Adenau

Durch das reizvolle Adenbacher Tal gelangt man nach Adenau, dem Hauptort des näheren Umfeldes. Funde zeigen an, dass dieses Tal bereits in römischer Zeit besiedelt war, nachweislich wird der Ort im Jahre 992 in einer Urkunde König Otto III. erwähnt, wo es um die Jagdrechte im Tal geht. So konnte Adenau die Feier seines 1000-jährigen Bestehens schon begehen. Graf Ulrich von Are-Nürburg richtete in Adenau 1162 eine Kommende des Johanniterordens ein, die durch ihr caritatives Wirken viele Schenkungen erhielt und deswegen in der Hocheifel reich begütert war. 1601 verlieh der Kölner Erzbischof Adenau Marktrechte, ab 1689 wurde Adenau auch Verwaltungsmittelpunkt des kurkölnischen Amtes Nürburg nach der Zerstörung der Burg durch französische Truppen. All das zog einen nachhaltigen wirtschaftlichen Aufschwung des Ortes nach sich, was bis heute noch an vielen Bauten abzusehen ist. So bietet der historische Marktplatz ein stattliches Ensemble teils prachtvoller Fachwerkhäuser, so vor allem Haus Nr. 8 mit seinen vier vorkragenden Geschossen. Hinter dem Marktplatz erhebt sich der mit abgeflachten Ecken versehene Turm der romanischen Pfarrkirche St. Johannes, deren Bausubstanz aber bis in das vorige Jahrhundert hinein immer wieder verändert wurde. Der Taufstein stammt noch aus der Entstehungszeit, sehenswert ist der Altar aus dem 16. Jahrhundert. Die am Kirchplatz angesiedelte Komturei der Johanniter wurde in den 70-er Jahren des vorigen Jahrhunderts renoviert und dient heute kulturellen Zwecken. Ein historisches Stadtviertel bietet der Buttermarkt in Richtung Nürburg, wo die ältesten Gebäude Adenaus stehen, so das Burghaus der Herren zu Adenau aus dem 14. Jahrhundert. In einem Fachwerkhaus am Buttermarkt ist auch das Heimatmuseum untergebracht.

Von besonderer Bedeutung für Adenau war die Einweihung des Nürburgrings im Jahre 1927 – als Strukturförderungsmaßnahme gedacht, hat der „Ring" längst internationale Ausstrahlung und bringt immer mehr Besucher nach Adenau.

Information
- Information: Tourist-Information Hocheifel-Nürburgring, 53518 Adenau, Kirchstraße 15, Tel.: (02691) 3 05 16, Fax: (02691) 30518, E-Mail: tourismusverein@adenau.de, Internet: www. hocheifel-nuerburgring.de; www. stadt-adenau.de
- Eifeler Bauernhausmuseum: Heimatmuseum, 53518 Adenau, Schulstraße, geöffnet April-Okt. 10-12 Uhr, Tel. (02691) 26 06 bzw. 26 13, Eintritt frei

Gastronomie (Auswahl)
- Hotel Zum Wilden Schwein: Renommiertes Haus mit regionaler und internationaler Küche, 53518 Adenau, Tel: (02691) 91 09 20, Fax: (02691) 91 09 292, Internet. www. zumwildenschwein.de (Dz 92 €);
- Hotel-Restaurant „Historisches Haus" Blaue Ecke: in einem der alten Fachwerkhäuser am Marktplatz, 53518 Adenau, Am Marktbrunnen, Tel.: (02691) 20 05, Fax: (02691) 38 05, E-Mail: blaue-ecke@t-online.de,
- Silence-Landhaus Sonnenhof: 53518 Adenau, Auf dem Hirzenstein 1, Tel.: 70 34, Fax: 86 64 (Dz 69-132 €)

Wanderwege
- Wanderwege: 5 ausgeschilderte Rundwanderwege

HÖNNINGEN

Auf der Weiterfahrt nach Hönningen kommt man am kleinen Ort Liers vorbei, heute Ortsteil von Hönningen. Dabei war der als Lesere 1265 erstmals urkundlich erwähnte Ort durchaus privilegiert, befand er sich doch im Eigenbesitz der Grafen von Are und hatte dadurch eigene Gerichtsbarkeit. Im Jahre 1668 weihte man die Ortskapelle dem Heiligen Bartholomäus. Da die Glocke bereits 1633 gegossen war, muss der Ort auch schon vorher eine Kapelle gehabt haben. Der heutige Bau ist ein schlichter Saalbau mit einem aus der Entstehungszeit stammenden Altar mit einer Holzfigur der Muttergottes in der Nische und zu beiden Seiten Holzfiguren des Kapellenpatrons St. Bartolomäus und des Heiligen Dionysius. Das Kircheninnere bietet des Weiteren ein Vesperbild, das um das Jahr 1600 entstand, sowie ein Holzreliquiar und einen vergoldeten Kelch, die beide aus dem 18. Jahrhundert stammen.

Der Name Hönningen weist auf eine fränkische Siedlung hin – es wurde früher Hunighofen genannt. Im Gegensatz zu Liers mit eigener Gerichtsbarkeit besaßen in Hönningen zunächst das Stift St. Kunibert in Köln, später ab 1494 die Johanniterkommende in Adenau Grundherrschaft und Gerichtsbarkeit. St. Kunibert blieb aber Patron der Ortspfarrkirche. Diese im

Blick auf Hönningen

Ortspfarrkirche von Hönningen

Wensburg

Hönningen-Tipps

Information
- Tourist-Information Hocheifel-Nürburgring, 53518 Adenau, Kirchstraße 15, Tel.: (02691) 3 05 16, Fax: (02691) 30518, E-Mail: tourismusverein@adenau.de, Internet: www.hocheifel-nuerburgring.de

Wanderwege
- Rundweg : (6,5 km) Hönningen, Liers, Liersbachtal, Liesernück, Hönningen;
- Rundweg 2: (9 km) Hönningen, Liers, Liersbachtal, Auf Zwölfuhr, Hönningen;
- Rundweg 3: (12 km) Hönningen, Auf Zwölfuhr, Sportplatz Lind, Hünnertsbusch, Schutzhütte, Pütztal, Brück, Hönningen;
- Rundweg 4: (7 km) Hönningen, Auf Zwölfuhr, Aufs Hendrich, Hönningen
- Rundweg 5: (8 km) Hönningen, unterhalb Hubertus-Hütte, Karla-Kaufmann-Weg (2), Altehardt, Hönningen

Ursprung auf das 13. Jahrhundert zurück gehende Kirche steht genau in der Kurve der engen Ortsdurchfahrt – doch die Umgehungsstraße, die der nicht mehr benötigten Trasse der Ahrtalbahn folgt, wird den Bewohnern des Ortes endlich mehr Ruhe verschaffen. Die für den Ort zu klein gewordene Kirche wurde 1896 eingeweiht. Auf dem Schlussstein des Erweiterungstraktes ist neben dem Johanniterkreuz das Wappen der Familie von Orsbeck, die seinerzeit Besitzer der Wensburg und auch in Hönningen begütert waren. Die Kirche ist im Inneren mit Fresken und Ornamentbemalungen versehen. Ein Blick in die Taufkapelle am rechten Seitenchor sollte nicht versäumt werden.

Unterhalb von Hönningen biegt linker Hand das zauberhafte Liersbachtal in das Ahrtal ein. Folgt man dem Liersbachtal aufwärts, so kann man am allein stehenden Laubachshof westlich in den Wanderweg (2A) einbiegen, von dem noch vor dem Wald ein Weg halb rechts abbiegt, von dem ein Waldpfad zur Ruine der Wensburg führt.

Die wohl im 13. Jahrhundert erbaute Wensburg wird 1401 erstmals als Besitz der Herren von Gymnich urkundlich erwähnt. Die Wensburg war mit allerlei Rechten versehen, so der Gerichtsbarkeit, mit Abgabenrechten, der Jagd und Fischerei.

Nach der napoleonischen Ära wechselten die Besitzer, die Burg verfiel zusehends und ist heute in schlechtem Zustand. Es handelt sich um einen rechteckigen Baukomplex mit einem Bergfried an der Felsseite als Wohnturm ohne Nebenanlagen. Innerer Bering und Wehrgang sind noch in Resten zu sehen.

Am Oberlauf der Ahr

AHRBRÜCK

Die Dorfkapelle oberhalb von Brück

Die am Eingang zur Weinahr gelegene Gemeinde Ahrbrück erstreckt sich am Unterlauf des Kesselinger Baches. Der alte Ortsteil Denn liegt an der Mündung des Denner Baches in den Kesselinger Bach, der Ortsteil Brück kaum einen Kilometer unterhalb von Denn, wo der Kesselinger Bach in die Ahr einmündet und der Ortsteil Pützfeld wenig unterhalb von Brück am rechten Ahrufer liegt.

Im Ortsteil Brück ist heute der Endhaltepunkt der Ahrtalbahn. Der alte Bahnhof dient längst als Wohnhaus, der DB-Haltepunkt ist vor den Ort vorverlegt worden. Der Ort breitet sich beiderseits der Ahr aus, eine 1892 erbaute Brücke verbindet die Ortsteile miteinander. Die gelb verputzte Dorfkapelle steht oberhalb der Brücke auf einem Felsvorsprung.

Brück-Tipps

Information
- Gemeindeverwaltung Ahrbrück: 50306 Ahrbrück, Tel.: (02643) 52 35

Wanderwege
(Ahrbrücker Nummerierung)
- Rundwanderweg 5: (6 km) Wanderparkplatz am Friedhof, Pütztal, Schutzhütte mit Grillplatz, Hünnertsbüsch, Im alten Keller, Brück; • Rundweg 6: (7 km) Wanderparkplatz am Friedhof, Hengstberg, Rastplatz mit Aussicht, Pützfelder Kapelle, Brück

DIE WEINORTE AN DER AHR

PÜTZFELD

Pützfeld als den ersten Weinort an der Ahr zu bezeichnen, mag vielleicht ein wenig übertrieben sein. Tatsache ist aber, dass sich das südlichste Stück der sechs Teilstücke der Altenahrer Weinlage Übiberg am Osthang der Ahr unmittelbar unterhalb von Pützfeld erstreckt.

Die erste urkundliche Erwähnung des Ortes Pützfeld, heute Teil der Gemeinde Ahrbrück und Ortsteil der Verbandsgemeinde Altenahr, geht auf das Prümer Urbar aus dem Jahre 893 zurück. Im frühen 13. Jahrhundert hatte die Abtei Prüm ihre Ortsrechte an die Grafen von Are und Hochstaden abgetreten. Sie belehnten im Jahre 1222 ein Rittergeschlecht mit Namen von Pützfeld mit dem Ort. Der Herr von Pützfeld begann auch sogleich mit dem Bau einer Burg, von der aber fast nichts mehr übrig geblieben ist. Das Geschlecht derer von Friemersdorf, genannt Pützfeld, war bis zum 18. Jahrhundert im Besitz der Ortschaft und stellte die Herren auf der Burg. Danach wechselten die Besitzer, im 18. Jahrhundert wurden die Reste auf Abbruch verkauft. Ein Teil des Baumaterials soll im Fachwerkhaus Steinerberg 17 verarbeitet sein.

Auf dem seiner Burg gegenüber liegenden Hang der Ahr ließ Dietrich von Friemersdorf eine Marien-Wallfahrtskapelle errichten, die 1992 zur 1000-Jahr-Feier des Ortes restauriert wurde. Das weiß verputzte Kirchlein ist mit seinem Dachreiter ein wahres Schmuckstück des Tals. Unerwartet ist die reiche Barockausstattung der Kapelle mit Stuck, Figuren, Altarbildern und Beichtstühlen – alles ist original erhalten, und man vermutet, dass die Künstler hierfür Vorbilder in Maria Laach gesucht haben.

Pützfeld-Tipps

(Postleitzahl 53506, Tel.-Vorwahl 02643)

Information
- Tourist-Information Altenahr: 53505 Altenahr, Tel. Bahnhof, Haus des Gastes, Tel.: (02643) 84 48, Fax: (02643)35 16, E-Mail. Info@altenahr.de, Internet: www. altenahr.de

Gastronomie (Auswahl)
- Hotel zum Ahrbogen: Bundesstraße 1, Tel.: 8507, Fax: 3157 (Dz ab 52 €), große Sonnenterrasse, Internet: www. hotel-ahrbogen.de

Der General-Anzeiger schreibt über die Wallfahrtskapelle von Pützfeld:

Die Wallfahrtskapelle zu Pützfeld und der Altar wurden schon im Jahr 1681 vollendet, aber nicht geweiht. Abt Michael Kuell aus dem Kloster Steinfeld weihte den Hochaltar erst am 10. Februar 1699. Zu diesem Zeitpunkt waren sowohl die Stifter des Gebäudes, Werner Dietrich von Friemersdorf zu Pützfeld und seine Frau Magdalena Elisabeth, als auch der Stifter des Altars, der Deutschordensritter Joswein Freiherr Schiffart von Merode, verstorben. Von Anfang an war die Kapelle eine Marien-Wallfahrtsstätte. Ihre kunsthistorische Bedeutung verdankt sie der Tatsache, dass Bauwerk und Altar einheitlich in frühbarockem Stil errichtet wurden und die Jahrhunderte unbeschadet überdauerten.

Die Weinorte an der Ahr

Marien-Wallfahrtskapelle Pützfeld

KREUZBERG

Das reizvollste Teilstück der Ahr bietet ihr Durchbruchstal im mittleren Lauf, das sich bereits bei Kreuzberg erahnen lässt. Hier, wo der Sahrbach und wenig unterhalb der Vischelbach einmünden, erhebt sich als Tor zur Weinahr weithin sichtbar auf dem Kreuzberg eine Burg, längst zu einem Schloss erweitert, von dem man weite Einblicke in die Tallandschaft der Ahr genießen kann. Kinkel schwärmt geradezu von dem Dorf Kreuzberg, „das selbst im Tale liegt, in dessen Gassen aber von einem vereinzelten Felskegel die Kirche und das schmucke weiße Schlößchen herabschauen".

Heute ist Kreuzberg ein Ortsteil von Altenahr. Der Ort „Cruceberge" wurde erstmals im Prümer Urbar aus dem Jahre 893 erwähnt, gehörte also damals zum Besitz des Klosters Prüm – schon im 8. Jahrhundert hatten hier auf dem Felsen Prümer Mönche aus einem Benediktinerkloster in Kesseling ein Kreuz errichtet, woher der Felsen seinen Namen erhielt. Vorfahren der späteren Grafen von Are erwarben um 963 den Kreuzberg vom Kloster Prüm. Um 1340 baute Cuno von Fischenich, mit Zustimmung des Erzbischofs Walram von Köln, Herr der Burg Are, die Burg Kreuzberg, ein Burglehen von Burg Are in Altenahr. Das heutige Erscheinungsbild von Burg Kreuzberg erhielt die Anlage mit ihrem Wiederaufbau nach der Zerstörung durch französische Truppen im Jahre 1686.

Mit dem Eisenbahnbau im Ahrtal erhielt Kreuzberg zusätzliche Bedeutung. Im Jahre 1888 erreichte die Eisenbahn Kreuzberg: Am 15. Juli wurde die von Altenahr nach Adenau weitergeführte Schienenstrecke eröffnet. Die militärstrategische Bedeutung der nach Westen führenden Eisenbahnstrecken und ihr forcierter Ausbau in den beiden letzten Jahrzehnten des Kaiserreichs brachten später auch für Kreuzberg gewaltige Veränderungen mit sich. Kreuzberg erhielt 1918 ein Bahnbetriebswerk von überdimensionierten Ausmaßen, um den Anforderungen der von Liblar zustoßenden „Militärbahn" gerecht zu werden, an dessen stärkster Stelle sich 14 Gleise nebeneinander befanden und wo einst bis zu 150 Arbeiter beschäftigt waren. Der größte Teil der Anlagen ist längst zurück gebaut.

Vielen der alten Dorfbewohner ist ihre Burg auf dem Kreuzberg noch in lebhafter Erinnerung, als sie am Ende des Zweiten Weltkrieges in ihren Kellern angesichts zunehmender Fliegerangriffe auf die strategisch wichtige Bahnlinie mit dem Betriebswerk Schutz vor den Bomben fanden.

Den Kern der Burganlage auf dem Kreuzberg, eine Höhenburg auf dreieckigem Grundriss, bildet der im Jahr 1343 errichtete Turm, der mit der Burgmauer die Zufahrt sichert – an den anderen Seiten fällt der Kreuzbergfelsen steil ab. Anstelle der 1686 zerstörten Anlage wurde 1760 der heutige

Die Weinorte an der Ahr

Blick auf Kreuzberg

Das Burghaus in Burgsahr

Burg Kreuzberg

Kreuzberg-Tipps

(Postleitzahl 53505, Tel.-Vorwahl 02463)

Information
- Tourist-Information Altenahr: 53505 Altenahr, Bahnhof, Haus des Gastes, Tel.: (02643) 84 48, Fax: (02643) 35 16, E-Mail. Info@altenahr.de, Internet: www. altenahr.de
- Burg Kreuzberg (Besitzer: Philipp Freiherr von Boeselager): nur Außenbesichtigung möglich
- Haus Vischel (Besitzer: Jörg Freiherr Holzschuher von Harrlach): nur Außenbesichtigung möglich

Gastronomie (Auswahl)
- Landgasthof Weihs: Bahnhofstraße 36, Tel./Fax: 33 50, Internet: www. landgasthofweihs.de (Dz 53-100 €), mit Restaurant (gutbürgerliche Küche), Liegewiese und Schwimmbecken
- Campingplatz Am Wasserfall: 5 Hektar Gelände am linken Ahrufer auf 800 Meter Länge, Tel. (02643) 83 38, Fax: (02643) 33 91, 350 Stellplätze, gehobene Ausstattung, behindertengerecht, ganzjährig geöffnet;
- Campingplatz Viktoria Station: Tel.: 83 38, Fax: 33 91, E-Mail: mail@viktoria-station.de, Internet: www. viktoria-station.de

Wanderwege:
(Altenahrer Nummerierung)
- Rundweg 11 (7 km) über den Kotzhardt und den Kotzberg zurück ins Ahrtal nach Kreuzberg (zwischen Kotzhardt und Kotzberg entlang des Hauptwanderweges 2a des Eifelvereins von Kreuzberg zur Nürburg);
- Rundweg 12 (5 km) ins Sahrbachtal über den Schildkopf ins Vischeltal und zurück nach Kreuzberg

Haus Vischel

Bau errichtet, der seit 1820 im Besitz der Familie von Boeselager ist. Dabei nutzte man die noch vorhandenen alten Bauteile, vor allem den alten Bergfried, und funktionierte die Anlage in eine Wohnburg um, wobei man auf die Wiedereinrichtung der Vierung verzichtete und die Südseite zur Terrasse umgestaltete. Die zur Burg gehörige Kapelle wurde 1783 erbaut. Die frühere Kapelle stand am Fuß des Burgberges in der Nähe.

Die Schäden, die alliierte Flieger am Ende des Zweiten Weltkriegs an der Burg Kreuzberg anrichteten, waren zwar nicht ganz so schlimm, wie zunächst vermutet werden musste, doch war nunmehr die Zeit für eine gründliche Renovierung gekommen. Im Zuge dieser Arbeiten in den 60er Jahren des vorigen Jahrhunderts wurde der Turm verputzt. Auch restaurierte man unter anderem im Inneren die barocke Holztreppe. Auch heute noch bietet die Burg Kreuzberg hoch über den Wohnhäusern des Ortes ein beeindruckendes Bild.

Ausflugs-Tipp in das Sahrbachtal

Unmittelbar unterhalb Burg Kreuzberg mündet der Sahrbach, dessen Tal zu den reizvollsten der ganzen Nordeifel zählt. Von Wiesen gesäumt, führt die Fahrstraße auf wechselnden Seiten den Bach aufwärts, bis das Auge kurz vor Binzenbach ein herrschaftliches Burghaus in Burgsahr erblickt. Das heute schmuck hergerichtete Gebäude mit den rot-weißen Fensterläden entstammt dem 17./18. Jahrhundert, einst ein Altenahrer Lehen. Fast wäre es nach dem Zweiten Weltkrieg verkommen, wenn nicht die neuen Besitzer, das Künstlerehepaar Uta und Ernst-Otto Schmidt, sich des verfallenen Gemäuers angenommen hätten und das Herrenhaus samt seiner Wirtschaftsgebäude zu einem veritablen Wohnhaus mit Gästegebäuden restauriert hätten.

Ein weiteres Schmuckstück des Sahrbachtals findet sich in Kirchsahr, dem Ort oberhalb von Binzenbach. In der Dorfkapelle findet man ein berühmtes Tryptichon aus dem Jahre 1410 aus neunzehn Einzelbildern, gemalt von einem unbekannten Künstler der Kölner Malschule. Dieses gotische Schmuckstück verdankt der Ort seinem Pfarrer Johannes Cremer, der hier Ende des 18. Jahrhunderts wirkte. Gleichzeitig war er Gastprediger der Stiftsherren von Münstereifel. Die Stiftsherren hatten ihre Kirche längst barock umfunktioniert, der gotische Flügelaltar war ihnen nicht mehr zeitgemäß genug, so dass sie gerne dem Wunsch des Pfarrers zur Überführung des Altars nach Kirchsahr entsprachen. Um den Altar aufstellen zu können, mussten in der kleinen Dorfkapelle sogar die Gewölberippen des Chores aufgebrochen werden....

• Wanderweg: Rundweg 3 (15 km) von Krälingen durch den Berger Wald zum Sahrbachtal, weiter an der südlichen Hangseite nach Burgsahr, Winnen und über Häselingen wieder zurück nach Krälingen, im letzten Abschnitt entlang des Hauptwanderwegs 11 des Eifelvereins (Ahr-Venn-Weg von Sinzig über Altenahr nach Monschau)

Ausflugs-Tipp in das Vischelbachtal

Nur durch einen Felssporn getrennt, mündet der Vischelbach wenig unterhalb des Sahrbaches in die Ahr. Ein schattiger Weg führt nordwärts durch den Vischelbachwald, bis sich das Tal weitet und der Wald an den Hängen in Wiesen übergeht. Inmitten dieser Wiesen erhebt sich Haus Vischel, das in seinen Ursprüngen zu den ältesten Burgen der Ahrregion zählt. Auch Vischel wurde bereits im Prümer Urbar erwähnt, im 11. Jahrhundert tauschten die Grafen von Are Vischel ein, mit der Are-Hochstaden'schen Schenkung kam Vischel an Köln, das es bis zur Franzosenzeit inne hatte.

Der sehr abseits gelegene Herrensitz Vischel, als Wasserburg auf den Grundmauern der 1115 zerstörten Burg errichtet, wandelte sich im Laufe der Jahrhunderte immer mehr zu einem reinen Gutsbetrieb, der erst zu Beginn des 19. Jahrhunderts durch den Bau des klassizistischen Wohngebäudes einen neuen Akzent erhielt. Der derzeitige Besitzer restaurierte seit den 70er Jahren des vorigen Jahrhunderts Wohn- und Wirtschaftsgebäude von Gut Vischel in aufwändiger Weise und stellte die ursprüngliche Hofanlage mit der Umfassungsmauer und dem Graben wieder her. Heutet bietet sich Haus Vischel als Schmuckstück der Ahrregion dar!

• Wanderweg: Durch das Vischelbachtal führt der Hauptwanderweg 2 des Eifelvereins (Karl-Kaufmann-Weg von Brühl über Rheinbach, Ahrbrück bis Trier)

ALTENAHR

Folgt man von Kreuzberg der Ahr weiter flussabwärts, so gelangt man über Altenburg, heute auch ein Ortsteil von Altenahr, in den Ortskern von Altenahr. Der Ort liegt in einem weiten Bogen einer Ahrschleife malerisch um den Burgfels, einen Umlaufberg, auf dem sich bis zur Erbauung von Burg Are um 1100 die „Alte Burg" der Grafen von Are befand. Hier hat die Natur bizarre Felsformationen gebildet, so ein natürliches Felsloch, das heute im Volksmund als „Teufelsloch" bezeichnet wird. Kinkel berichtet in seinem Buch über die Ahr von einer Volkssage, die besagt: „...dort habe sich eines Tages des Teufels Großmutter gesonnt und sei, von einem zornmütigen Enkel mit dem Prügel überrascht, durch das Loch der Teufelsmauer gefahren".

Blick durch das Teufelsloch auf die Ahrschleife von Kreuzberg

Der Ort Altenahr, reizvoll im Inneren der nach dem Teufelsloch folgenden Ahrschleife gelegen, entstand zu Füßen der Burg Are, mit deren Bau Graf Theoderich I. von Are um 1100 begonnen hatte, und mit der er früher durch eine Ummauerung mit drei Toren verbunden war, von denen das letzte vom Ahr-Hochwasser 1804 zerstört wurde. Altenahr hatte zeitweise Stadtrechte und war kurkölnischer, seit 1816 preußischer Verwaltungssitz im mittleren Ahrtal. Zwischendurch war die Burg auch zeitweilig verpfändet, unter anderem an die Vorfahren von Dietrich von Gymnich – immerhin haben die Herren von Gymnich einiges zur Verstärkung der Burg getan. Im Jahre 1834 wurde unterhalb von Altenahr ein Straßentunnel durch den Felsgrad des Langfigs gesprengt, der einen leichteren Zugang durch das enge Ahrtal ermöglichte. Mit dieser Verkehrserschließung und der Einrichtung einer Postverbindung setzte damals in Altenahr der Fremdenverkehr ein, der sich verstärkte, als vor mehr als 100 Jahren die Eisenbahnlinie durch das Ahrtal bis Altenahr fertig gestellt wurde. Altenahr hat sich in der Folgezeit zu einem viel besuchten Ausflugs- und Erholungsort entwickelt.

Die Engelsley als Burgfelsen der Are bot sich mit ihrem zerklüfteten Gestein geradezu für den Bau einer Befestigungsanlage an. Nach drei Seiten fällt der Fels uneinnehmbar ab, nur nach Norden einen Zugang frei lassend. Von der Nase des Burgfelsens ließ sich das Ahrtal von diesem Standort aus in beide Richtungen kontrollieren. Fast 600 Jahre lang blieb Burg Are uneingenommen, bis die Franzosen sie 1690 stürmten, aber da

Die Weinorte an der Ahr

Blick aus dem Langfigtal auf Burg Are

war ihr militärischer Wert längst fraglich geworden... Auch Kinkel ist von dem Blick der Burg Are in das Ahrtal ganz hingerissen: „Unter uns Altenahr, in Obstbäumen, Gärten, Kornfeldern versteckt, dicht vor uns aber die prächtigen Burgtrümmer, dahinter die phantastisch zerklüfteten Felshäupter, die das Tal von Altenahr so wunderbar und einzig machen."

Die Ruine der Burg Are erreicht man von der Straße nach Bonn aus über den Zuweg oberhalb des Ortes, der mit „Gasthof Bergfried" ausgeschildert ist. Man gelangt durch das Außentor und die so genannte spitzbogige Gymnich-Porz aus der Entstehungszeit des Burgkomplexes in das Burggelände. Es umschloss ein unregelmäßiges Viereck, das verbliebene Mauerwerk aus dem 12. bis 15. Jahrhundert lässt noch Tortürme, Wehrmauern, den Palas sowie die Burgkapelle erkennen. Bemerkenswert an dieser um 1200 an der Ostseite der Kernburg unmittelbar an den steil abfallenden Felsen neben dem am besten erhaltenen östlichen Eckturm errichteten Kapelle ist, dass sie doppelgeschossig angelegt wurde. Dies entsprach ganz den Wünschen der Burgherren, sich wie die Kaiser in ihren Pfalzkapellen im herrschaftlichen Obergeschoss von der Gesindekapelle im Untergeschoss abzuheben – und in der die Symbolik der „drei" zum Tragen kommt. Gut erkennt man die Unterteilung der Kapelle in Vorhalle, Langhaus und Chor. Und die noch vorhandenen Gewölbeansätze zeigen an, dass das Langhaus aus drei Jochen bestand. Übrigens wurde später, im 14. Jahrhundert, unmittelbar vom Ort aus ein weiterer Zuweg zur Burg angelegt – dieser führt heute steil von dem Punkt aus, wo die beiden Bundestraßen B 267 und B 257

Pfarrkirche Maria Verkündigung in Altenahr

Die Weinorte an der Ahr

Die Ruine der Burg Are

Blick auf Altenahr

in Altenahr aufeinander treffen, zur Burg hinauf. Für diesen Zuweg erweiterte man damals das Torhaus um eine Seitenpforte.

Die Engelsley, auf der die Burg Are thront, stellte früher ein großes Verkehrshindernis dar, das den Zugang nach Altenahr vom unteren Ahrtal her außerordentlich beschränkte. Die Situation änderte sich erst mit dem Durchstich des Tunnels durch die Engelsley im Jahre 1834. Längst ist der Tunnel für die Ahrtal-Bundesstraße B 267 erweitert worden, und ab 1868 begann man mit dem Bau eines Doppeltunnels für die Bahn. Für den Verkehr von Bonn weiter in die Eifel auf der B 257 wurde vor einigen Jahren eine Umgehungsstraße oberhalb von Altenahr – auch mit einem Tunnel – gebaut, die an der Kreuzberger Brücke wieder auf die alte Trasse stößt. Nur so war es möglich, den großen Besucherstroms, den Altenahr insbesondere zur Weinsaison erfährt, einigermaßen in den Griff zu bekommen. Denn zweifelsohne ist Altenahr nach wie vor der beliebteste Weinort an der Ahr mit seinen vielen Lokalen, Restaurants, Tanz-Cafés und Hotels.

Der Weinbau in Altenahr erfolgt in zwei Lagen mit Namen „Übigsborg" und „Altenahrer Eck". Die Lage „Übigsborg" besteht aus sechs Teillagen, eine davon unterhalb von Pützfeld, eine am Altenburger Hang, zwei an den Altenahrer Hängen und zwei im Bereich des Langfigtales. Nur ein kleiner Teil der Gesamtfläche vor allem im unmittelbaren Bereich von Altenahr wird noch bewirtschaftet. Die Lagenbereiche Ahrbogen, Altenburg und Langfigtal liegen brach, wie an den zugewachsenen Weinbergsterrassen unschwer zu erkennen ist. Die Lage „Altenahrer Eck" jenseits des Langfig-Tunnels leitet ihre Bezeichnung von einer alten Burg namens „Ekka" her, die 1249 geschleift wurde, als die Kurkölner schon im Besitz von Altenahr waren und diese potentielle Gefahrenquelle beseitigen wollten. Begrenzt wird das Altenahrer Eck nach Westen durch die Burgruine Are, nach Osten durch die markante Felspartie der Ravenley, zu deren Füßen der kleine Ort Reimerzhoven liegt. Bei den Altenahrer Rebflächen handelt es sich weit überwiegend um Steillagen mit Schiefer oder Grauwackeböden, teils mit Gehängelehm oder Löß überdeckt. Die größte Anbaufläche nimmt der Spätburgunder ein, dessen Trauben samtene Rotweine hervorbringen. Unter den Weißweinen herrscht der Riesling vor, der hier kernige Weine, duftig und fruchtig, mit pikanter Säure erbringt, wobei die Weine von den Lehmböden sogar noch wuchtiger sind.

Wenn man sich dem Ortskern von Altenahr von Reimerzhoven im unteren Ahrtal her durch den Engelsley-Tunnel nähert, so kommt man zunächst rechter Hand an der Winzergenossenschaft vorbei. Genau am Treffpunkt der beiden Bundesstraßen B 257 und B 267 steht das historische Weinhaus

Die Weinorte an der Ahr

Fachwerkidylle in Altenahr

„Schäferkarre", eine bemerkenswerte gastronomische Adresse hinter einer schönen Fachwerkfassade, an deren Giebel ein Glockenspiel angebracht ist. Gleichermaßen bemerkenswert ist die Fassade des Hotels „Zum Schwarzen Kreuz". Folgt man der Straße über die Ahr, so führt hinter der Ahrbrücke rechts der Weg zur Talstation des Sesselliftes auf die Ditschardhöhe. Von dort oben kann man einen wunderbaren Überblick über das Ahrtal genießen. Darüber hinaus hat Altenahr auch noch ein kleines privates Feuerwehrmuseum zu bieten, das auf Anfrage besichtigt werden kann.

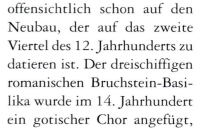

Die erste urkundliche Erwähnung der Ortspfarrkirche Maria Verkündigung, die sich etwas zurückversetzt an der Bundesstraße zur Ahrbrücke erhebt, erfolgte im Jahr 1166 in einer Urkunde, in der das Burgrecht an Burg Are festgelegt wird. Der Eintrag in dieser Urkunde bezieht sich aber offensichtlich schon auf den Neubau, der auf das zweite Viertel des 12. Jahrhunderts zu datieren ist. Der dreischiffigen romanischen Bruchstein-Basilika wurde im 14. Jahrhundert ein gotischer Chor angefügt, im 16. Jahrhundert erhielt die Kirche einen Sakristeiraum an diesem Chor. Im Rahmen tiefgreifender Erweiterungsarbeiten am Ende des 19. Jahrhunderts wurde das Langhaus verlängert und die Kirche erhielt ihren nördlichen Turm wie auch das südliche Querschiff. Wertvoll ist der barocke Hauptaltar unter dem Netzgewölbe des Chores, genauso wertvoll die Monstranz aus dem 15. Jahrhundert, die noch zur Kirchenausstattung gehört.

Der Engelsley-Tunnel ist heute die bequeme Verbindung von Altenahr in das untere Ahrtal hinein. Der Tunnel unterquert den Hals der Mäanderschlinge des Langfigtals. Nach einigen weiteren Biegungen gelangt man nach Reimerzhoven, heute Ortsteil von Altenahr. Das Weindorf Reimerzhoven, im engen Tal zwischen Flussufer und Rebhängen gelegen, geht auf eine Ansiedlung von Winzern mit Namen Reymbeltshoven zur Bearbeitung der herrschaftlichen Weinberge zurück. Das Dorf wird zu Beginn des 15. Jahrhunderts erstmals urkundlich erwähnt. Die der Schmerzhaften Mutter geweihte kleine Ortskapelle entstammt dem 19. Jahrhundert und birgt einen hübschen Barockaltar und eine kleine Christusfigur aus dem 16. Jahrhundert.

Ausflugs-Tipp in das Langfigtal

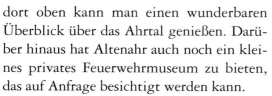

In einer großen Mäanderschlinge umrundet die Ahr unmittelbar unterhalb des Ortskerns von Altenahr den Langfig, einen Bergrücken mit zwei ausgeprägten Gipfeln – der Nord- wie der Südgipfel sind jeweils an die 300 Meter hoch und können auf einem Felsgrat von der Burg Are erklettert werden. Dazu verlässt man das Burggelände durch einen Bogen, um zur südlichen Burgmauer zu gelangen, die direkt am Anfang des Grates steht.

Wegen seiner landschaftlichen Schönheit mit wilden Felsgruppen, interessanten Schichtverwerfungen und wegen seiner Wärme liebenden Pflanzen- und Tierwelt ist das Gebiet schon über 30 Jahre unter Naturschutz gestellt. Ein zauberhafter Spazierweg führt entlang des Flusses durch das Tal mit herrlichen Ausblicken auf Burg Are – so nah das Tal auch an Altenahr ist, finden doch kaum Besucher – und schon gar nicht die weinseligen Rotweinfreunde – hierher.

Die Weinorte an der Ahr

*Das Ahrtal
bei Reimerzhoven*

Altenahr-Tipps

(Postleitzahl 53505, Tel.-Vorwahl 02643)

Information
- Tourist-Information Altenahr: 53505 Altenahr, Haus des Gastes, Tel.: 84 48, Fax: 35 16, E-Mail: info@altenahr.de, Internet: www. altenahr.de

Gastronomie (Auswahl)
- Hotel zur Post: Brückenstraße 2, Tel.: 9 31 - 0, Fax: 9 31 200, E-Mail: info@hotelzur-post.de, Internet: www. hotelzur-post.de (Dz 67-87 €), gut ausgestattete Zimmer, Hallenbad, Sauna etc., Restaurant mit nationaler und internationaler Küche;
- Zum Schwarzen Kreuz: Brückenstraße 5-7, Tel: 15 34, Fax: 90 12 78, E-Mail: zumschwarzenkreuz@t-online.de, Internet: www. zum-schwarzenkreuz.de (Dz 55-80 €), historisches Haus mit gehobener regionaler Küche,
- Winklers Hotel Rheinischer Hof: Tunnelstraße 10-12, Tel.: 90 14 83, Fax: 18 53, E-Mail: winklers-hotel@gmx.de, gemütlicher Familienbetrieb mit Gartenterrasse;
- Weingasthaus Schäferkarre: Brückenstraße 29, Tel.: 71 28, Fax: 12 47, gehobene Küche in historischer Atmosphäre;
- Hotel Lang: Altenburger Straße 1, Tel.: 93 73 – 0, Fax: 93 73 73, E-Mail: info@hotel-lang.de, Internet: www. hotel-lang.de (Dz78-130 €), Restaurant mit regionaler Küche, täglich Live-Musik im Kristallspiegelsaal, Wein-Kellerbar „Im Fässchen", Terrasse;
- Tanz-Corso: Seilbahnstraße 18-20, Tel.: 90 02 58, Fax: 90 02 57, Internet: www. tanzcorso.de, Restaurant und Tanzcafé
- Naturschutz-Jugendherberge: Langfigtal 8, Tel: 18 80, Fax: 81 36, 19 Schlafräume
- Campingplatz Altenahr: Zur Burgwiese, am linken Ahrufer in Richtung auf die Talstation des Sesselliftes, Tel.: 85 03, Fax: 90 07 64, E-Mail: info@camping-altenahr.de, Internet: www. camping-altenahr.de, gehobene Ausstattung

Winzer
- Winzergenossenschaft: Tunnelstraße 17, Tel.: 16 13, Fax: 90 26 96, Weinproben, Gaststätte;
- Weingut Sermann-Kreuzberg: Seilbahnstraße 22, Tel.: 71 05, Fax: 90 16 46, E-Mail: weingut-sermann@t-online.de, Internet: www. sermann.de, Weinproben, Gästehaus

Feste
- Weinfest: letztes Septemberwochenende und an den vier Wochenenden im Oktober
- Wein- und Burgfest: Anfang August

Wanderwege
- Rundweg 1: (3 km) Wanderparkplatz Winzergenossenschaft, Langfigtal, Ahrtunnel;
- Rundweg 2: (3 km) WP Winzergenossenschaft, Burg Are, Weißes Kreuz, Roßberg, Martinsnück, Weinbergsweg;
- Rundweg 3: (4 km) wie Nr. 2 ab Weißem Kreuz Richtung Reimerzhoven, Ahrtalweg, Straßentunnel;
- Rundweg 4: (7 km) WP Seilbahn, Brückenstraße, Pützgasse, Höhe 296, Bergstation Sessellift, Ditschhardt, Vischeltal, Kreuzberg;
- Rundweg 5: (10 km) WP Seilbahn, Ahrtalweg, Kreuzberg, Vischeltal, Kreuzung 335, Bodenbachtal, Lützenbohr, Martinsnück;
- Rundweg 6: (6 km) WP Winzergenossenschaft, Langfigtal, Winterhardt, über Rundweg 8 zum Steinerberg, Teufelsley, Krähhardt, Reimerzhoven, Ahrtalweg;
- Rundweg 7: (4 km) WP Winzergenossenschaft, Nückelchen, Schwarzes Kreuz, Teufelsloch, Altenburg, Ahrtalweg;
- Rundweg 8: (8 km, einschl. Stichweg 11 km)) WP Seilbahn, Altenburg, Horn, hinter Höhe 478 Stichweg zum Steinerberg, Schrock, Wintergardt, Altenburg;
- Rundweg 9: (3 km) Ortsausgang Richtung Bonn, Roßbachtal, Kalenborn (Sommerrodelbahn), zurück über Rundweg 10;
- Rundweg 10: (10 km) WP Winzergenossenschaft, Pützgasse, Höhe 296, Rangshof, F. Weißerath, Kreuzung 335, Kalenborn, Kalenborner Höhe, Eifelblick, Weißes Kreuz

Die Weinorte an der Ahr

Schroffe Gesteinsformation im Engtal der Ahr

MAYSCHOSS

Die Fahrt von Altenahr über Reimerzhoven entlang der Ahr führt zunächst in den kleinen Ort Laach mit dem berühmten Hotel Lochmühle. Das alte Anwesen liegt auf dem Felsgrat der Guckley, die sich südlich als Lochmühlerley fortsetzt und die die Ahr in einer weiten Schleife umrundet. Bei der Guckley handelt es sich übrigens um eine geologisch bemerkenswerte Basaltkuppe, die aus dem weichen Tonschiefer, der sie ehemals bedeckte, vom Wasser heraus gewaschen wurde. Die Lochmühle selbst ist eine ehemalige Bannmühle der Herrschaft Saffenburg, die bereits 1475 erwähnt wird. Ein künstlicher Stollen durch den Felsen der Lochmühlerley versorgte die Mühle mit Wasser der Ahr. Im Jahr 1921 übernahm ein neuer Besitzer das Anwesen und richtete darin ein Restaurant ein, das längst – mit dem 1972 erbauten Hotel – zu den Spitzenbetrieben an der Ahr zählt. An der Guckley durchbricht die Bundesstraße den Grat, die Bahngleise folgen der Mäanderschlinge der Ahr um die Lochmühlerley.

Die St.-Anna-Kapelle und die Häuser des Ortes Laach wurden bei dem Hochwasser des Jahres 1804 weggespült. Die noch aus dem Jahr 1504 stammende Glocke der Kapelle fand man abwärts am Ahrufer wieder. In Ermangelung eines Glockenstuhls hängte man sie am Giebel des Hauses Nr. 13 auf, wo sie sich noch heute befindet.

Die Hochwasserglocke von Laach

Unterhalb der Lochmühle setzt die Ahr zu einer neuen, weiter gezogenen Schleife an, um den Felssporn, auf dem sich die Saffenburg einst mächtig erhob, zu umrunden. Die exponierte Lage dieser Burg hat Kinkel nachhaltig beeindruckt, und er beschreibt ihren Standort in seinem Bericht über die Ahr wie folgt: „Der Fels auf dem die Saffenburg stand, springt als scharfes, steiles Vorgebirg aus der Felswand hervor und stürzt mit jähem, oft senkrechtem Abhang ins Ahrtal hinab. Von drei Seiten war die Burg also völlig unersteiglich; man hätte den Feind vernichten können, ehe er ein Drittel der Berghöhe erreicht hatte. Nur die vierte Flanke war verwundbar, da der Schloßberg durch einen scharfen schmalen Grat mit der hinteren Gebirgsmasse zusammenhing. Hier boten sich für ein Jahrhundert, das noch kein Geschütz kannte, tiefe Gräben als der beste Schirm dar..."

Gegenüber diesem Felssporn der Saffenburg liegt Mayschoß in einem Talkessel – eingeschmiegt in die ehemalige Ahrschleife um den Etzhardt, den sich über den Ort erhebenden Umlaufberg. Nachweislich wird der Weinort Mayschoß erstmals vor fast 900 Jahren in den Annalen der Abtei bei Aachen erwähnt. Archäologischen Funden entsprechend ist der Ort aber viel älter, wie ein gefundener Türstein mit der Inschrift „Mainscozen" (der alte Name für Mayschoß) beweist. Die Ortspfarrkirche St. Nikolaus

Die Weinorte an der Ahr

Mayschoß mit der Saffenburg im Hintergrund

liegt etwas außerhalb, am besten von der Saffenburg aus zu überblicken, von der man ohnehin das schönste Panoramabild von Mayschoß genießen kann. Die Kirche selbst stammt ursprünglich aus dem Jahr 1729. Der Neubau des Langhauses im neoromanischen Stil erfolgte 1908, wobei man den Turm der alten Kirche stehen ließ. In der Kirche steht übrigens das Grabmal der 1646 verstorbenen Gräfin Katharina von der Marck, Herrin der Saffenburg. Sie war einst eine Magd und avancierte zur dritten Frau des Grafen Ernst von der Marck. Ihr Sarkophag ist aus schwarzem Marmor, der Deckel trägt ein plastisches, barockes Bildnis der Gräfin, über das Kinkel in seinem Bericht über die Ahr schwärmt: „Man sieht das schöne, kräftig gebaute Weib, offenbar Porträt, auf dem Sarge liegen, vom prächtigen Mantel umhüllt, den Hund zu Ihren Füßen". Die Klostergebäude neben der Kirche dienen heute übrigens als Kindergarten, der von einem Nonnenorden betrieben wird.

Mayschoß bildet den Mittelpunkt der Weinahr. Die vormals sechs Weinlagen des Ortes wurden zu den Lagen „Laacher Berg", „Burgberg" und „Mönchberg" zusammengefasst. Westlich der Reimerzhovener Ravenlay erstreckt sich die Lage „Laacher" Berg oberhalb von Laach bis über die Ahr hinüber. In die Lage „Burgberg" wurden die alten Lagen Lochmühlerley und „Silberberg" mit unterschiedlichen Ausstattungsqualitäten eingegliedert. Der Lagenteil Lochmühlerley wie auch die vormals als Burgberg bezeichneten Rebgärten unterhalb der Saffenburg sind durch Steillagen gekennzeichnet, die Lagen des Silberberges am Etzhardt sind eher hängig. Der Lage „Mönchberg" wurde die ehemalige Lage Schieferlay einverleibt.

Recht unterschiedlich sind hier Topographie und Hangausrichtung. Einerseits kennzeichnen fast in den Felsen hinein gehauene Steilterrassen die Wingerte direkt am Ahrbogen vor Mayschoß, andererseits sind die in den Jahren 2001/02 teilweise flurbereinigten Lagen am nördlichen Rand des Talkessels von Mayschoß viel weniger geneigt. Die unterschiedlichen Lagenbereiche und Boden-

Exkurs: Die Saffenburg

Die Saffenburg, erstmals im Jahre 1081 erwähnt, thront in exponierter Lage auf einem Felsgrad über der Ahrschleife von Mayschoß. Den Herren auf der Saffenburg war es gelungen, bis zum Einmarsch der Franzosen im Jahre 1794 selbstständig zu bleiben. Und im Mittelalter waren sie nicht weniger angesehen als die Grafen von Are. Immerhin übten sie die Herrschaft über Dernau mit dem Kloster Marienthal und Mayschoß aus. Die Herren von Burg und Herrschaft wechselten im Laufe der Zeit. Auf die Grafen von Saffenburg folgten 1424 die Grafen von Virneburg, 1545 bis 1593 die Grafen von Manderscheid. Der Besitz ging 1593 an die Grafen von der Marck über, deren Nachfolger von 1773 bis 1801 die Herzöge von Arenberg wurden. Die oberste Lehnshoheit übte seit 1323 Kurköln aus.

Das Ende der Saffenburg trat nicht durch kriegerische Handlungen ein. Vielmehr ließ der damalige Besitzer, Graf von der Marck-Schleiden, die Burg im Jahre 1704 schleifen, um das Umfeld vor Kriegshandlungen, die immer wieder durch die Burg ausgelöst wurden, zu schützen – der Abriss war ein Segen für die Einwohner von Mayschoß. Alles Abbruchmaterial wurde auf vielfältige Weise wieder verwendet – manch Weinbergsmauer in der Umgebung entstammt den Steinen der Burg.

Die heute noch vorhandenen Grundmauern lohnen immer noch einen Besuch – und sei es nur um des Ausblickes wegen!

• Information: Förderverein Burgruine Saffenburg, Edgar Schumacher, 53508 Mayschoss, Am Silberberg 24

Die Weinorte an der Ahr

Weinrestaurant Zur Saffenburg

Die Lochmühle mit ihrem Wasserrad

Ausbesserungsarbeiten an Weinbergsmauern

Der General-Anzeiger schreibt über die Winzergenossenschaft Mayschoß-Altenahr:

„Freude am Wein", so heißt heute die Philosophie dieser Genossenschaft, die als erste Winzergenossenschaft als „Entdeckung des Jahres" im WeinGuide Gault Millau 2000 aufgeführt wurde. Die Winzergenossenschaft Mayschoß-Altenahr ist die zweitgrößte an der Ahr. Trauben von mehr als 110 Hektar Weinbergsflächen werden in Mayschoß verarbeitet, der Wein von mehr als einem Fünftel der Wingerte im gesamten Weinbaugebiet.

Das Pfarrhaus der St. Nikolauskirche in Mayschoß

bedingungen, die von Grauwacke- und Schieferverwitterungsböden bis hin zu Lehm- und Lößlehmböden reichen, ergeben Weine mit verschiedenem Charakter. Dazu kommt, dass trotz des Rotweinbooms der Weißweinanteil in Mayschoß für die Ahr überdurchschnittlich hoch ist. Über die Hälfte der an der Ahr angebauten Rieslingreben wächst hier.

So erfolgreich die Winzergenossenschaft auch war, nahm die weitere Entwicklung von Mayschoß nach dem Zweiten Weltkrieg eine nicht nur erfreuliche Richtung. Der Genossenschaftskeller ist der größte dieser Art in Deutschland und wurde zunehmend von den zu Tausenden mit Sonderzügen und Bussen in das Ahrtal herbei strömenden Gästen angesteuert, die weder Augen für die schöne Landschaft noch Kenntnis von einem guten Tropfen hatten – so erlangte speziell Mayschoß in den 50er und 60er Jahren des vorigen Jahrhunderts traurige Berühmtheit – aber das hat sich spätestens seit den 70-er Jahren gründlich gewandelt. Heute stehen sanfter Familientourismus und Kurzurlaube im Vordergrund.

Und was den Weintourismus anbelangt, so haben längst die „Neuen Jungen" mit ihren niveauvollen Tropfen das Sagen im Ort, allen voran das Weingut Deutzerhof, das direkt an der Spitzenlage von Mayschoß, dem Mönchberg, liegt. Aber auch die Winzergenossenschaft Mayschoss-Altenahr ist in den letzten Jahren nach umfangreichen Investitionen in die Kellertechnik und die Mengen reduzierende Vorgaben an ihre Winzer zu einer der führenden Genossenschaften in Deutschland aufgestiegen. Natürlich überwiegen auch in den Weingärten von Mayschoß die roten Rebsorten, allen voran der Spätburgunder, aber auch Portugieser, Dornfelder und Frühburgunder werden kultiviert – und selbstverständlich rangiert unter den weißen Rebsorten bei so viel Steillagen und Schieferböden der Riesling vor dem Müller-Thurgau.

Exkurs: Die älteste Winzergenossenschaft

Auch Mayschoß blieb nicht von den Wirren der politischen und wirtschaftlichen Entwicklung Deutschlands der letzten Jahrhunderte verschont. So führte auch hier der Dreißigjährige Krieg zu Plünderung, Brandschatzung und Zerstörung. Die Not und das Elend müssen unbeschreiblich gewesen sein. Die vielen alten Fachwerkhäuser, die noch in Mayschoß erhalten geblieben und heute weitgehend schön renoviert sind, lassen von diesen Zeiten nichts mehr erahnen – ebenso nicht die wirtschaftliche Not, die mit dem 19. Jahrhundert für die Winzer an der Ahr ausbrach. So gründeten achtzehn Winzer aus Mayschoß am 20. Dezember 1868 die Mayschosser Winzergenossenschaft. Zu dieser Zeit wurde der Wein noch bei den einzelnen Winzern eingelagert. Um den Wein zentral zu lagern, begann man im Jahre 1873 mit dem Bau eines Weinkellers, der heute noch täglich zu besichtigen ist. 1982 schlossen sich die Winzergenossenschaften Altenahr und Mayschoss zu der heutigen Winzergenossenschaft Mayschoss-Altenahr zusammen. Die Kellerei ist die älteste Winzergenossenschaft der Welt!

Mayschoß-Tipps

(Postleitzahl 53508, Tel.-Vorwahl 02643)

Information
- Verkehrsamt Mayschoß, Ahrrotweinstraße 42, Tel. 83 08

Gastronomie (Auswahl)
- Die Lochmühle: Ortsteil Laach, Ahr-Rotweinstraße 62, Tel.: 80 80, Fax: 80 84 45, E-Mail: hotel-lochmuehle@t-online.de (Dz 105-126 €), Hotel und Restaurant der Spitzenklasse, Internet: www. hotel-lochmuehle.de; Hotel-Pension Jägerstübchen: Ortsteil Laach, Bundesstraße 1, Tel.: 9 37 0 - 0, Fax: 93 70 10, E-Mail: info@jaegerstübchen.de, Internet: www. jaegerstübchen.de (Dz 52-58 €), familiär geführtes Haus, Restaurant mit regionaler Küche;
- Hotel und Weinhaus Kläs: Ahrrotweinstraße 50, Tel.: 16 57, Fax: 31 01, E-Mail: weinhaus-klaes@t-online.de, Interent: www. mayschoss.de/klaes, familiär geführtes Hotel-Restaurant, bietet Weine aus eigenem Weingut;
- Zur zweiten Heimat: Ahr-Rotweinstraße 4, Tel.: 83 57, Fax: 90 07 57, Internet: www. zur-zweiteheimat.de (Dz 30-45 €), Familienbetrieb, Restaurant mit regionalen Spezialitäten;
- Zur Saffenburg: Ahr-Rotweinstraße 43, Tel.: 83 57, Fax: 81 00, Internet: www. mayschoss.de/kraus/index.htm (Dz 36 €), rustikales, gutbürgerliches Restaurant
- Campingplatz: Am hinteren Ortsrand, Tel.: 76 52, beliebter Wohnwagenabstellplatz, einfach eingerichtet

Winzer
Winzergenossenschaft Mayschoss-Altenahr: Ahr-Rotweinstraße 42, Tel.: 93 60 - 0, Fax: 93 60 93. E-Mail: wmayschoss@t-online, Internet: www. winzergenossenschaft-mayschoss.de, älteste Winzergenossenschaft, mit Restaurant und Weinstube Winzerverein, Tel.: 21 36, Fax: 90 13 22, täglich Weinproben und Kellerbesichtigung 10-300 Personen, der „WeinGuide Deutschland" schreibt, dass „diese Kooperative in den nächsten Jahren zu einer der absolut besten Deutschlands aufsteigen" könnte;
- Weingut Deutzerhof – Cossman-Hehle: Deutzerwiese 2, Tel.: 72 64, Fax: 32 32, E-Mail: info@weingutdeutzerhof.de, Interenet: www. weingut-deutzerhof.de, über 400 Jahre in Familienbesitz, der „WeinGuide Deutschland" schreibt: „Es kann kein Zweifel daran bestehen, dass der Deutzerhof zu den führenden deutschen Rotwein-Erzeugern zählt";
- Weingut Christoph Bäcker: Waagstraße 16a, Tel.: 75 17, Fax: 35 91 93, erstes ökologisches Weingut an der Ahr;
- Mönchbergerhof: Am Mönchberg 1, Tel.: 23 01, Fax 1716

Feste
- Weinblütenfest: Am 3. Juni-Wochenende
- Weinfest: An allen Oktober-Wochenenden

Wanderwege
(Rechts der Ahr)
- Rundweg 1: (3,5 km) Wanderparkplatz Bahnhof, Bahnübergang, Nickers, Tilsbachtal, Gemeindeberg, Tilsbachtal, WP;
- Rundweg 2: (5 km) WP Bahnhof, Tilsbachtal, Schrock, Höhe 385, Tilsbachtal, WP;
- Wanderweg 3: (6,5 km) WP Bahnhof, Gemeindeberg, Tilsbachtal, Ärental, Antoniusruh, Flucht nach Ägypten, Koppenweg, Ruine Saffenburg, WP;

(Links der Ahr)
- Rundweg 4: (3 km) WP im Ort, Mönchsberg, Tankenbachtal, Tiergarten, WP; Rundweg 5: (4 km) WP im Ort, Ottenhardt, Dernauer Berg, Hochbehälter, WP; Rundweg 6: (5,5 km) WP im Ort, Wehrholz, Weidenhardt, Tankenbachhöhe, Tankenbachtal, Fuhrweg, WP
- Berghütte Akropolis: Schutzhütte des Eifelvereins, 346 Meter ü.d.Meer, jeden 2 .und 4. Sonntag im Monat bewirtschaftet, Auskunft erteilt, Franz-Josef Leyendecker, Tel.: 16 10

RECH

Der Weinort Rech liegt zwischen Mayschoß und Dernau an einer großen Schleife der Weinahr am Fuße des an die 400 Meter aufragenden Nollberges. Hier heizt die Sonne die Steillagen aus Schiefer und Grauwacke auf – in Rech finden sich nämlich die steilsten Weinberge an der Ahr. Erstmals urkundlich erwähnt wird der Ort um 1140, als dem nahen Kloster Marienthal ein Gut in „Reth" zugewiesen wird. 1482 kam der Ort zur Herrschaft Saffenburg. Im Mittelalter war das Dorf Rech eine bedeutende Wallfahrtsstätte. Pilger von weither verehrten in der Kapelle des Dorfes die Heilige Lucia. An die Heilige erinnert noch der jeweils am 2. Advent stattfindende Lucia-Markt, der auf einen an den Wallfahrtsterminen abgehaltenen Tuchmarkt im späten Mittelalter zurückgeht.

Die älteste erhaltene Ahrbrücke verbindet die beiden Recher Ortshälften links und rechts der Ahr miteinander. Mit dem Bau der Steinbogenbrücke wurde 1723 begonnen. Über dem mittleren Pfeiler wurde ihr ein Nepomuk-Standbild aufgesetzt. Die Brücke widerstand, als einzige am Fluss, sogar den großen Fluten der Jahre 1804 und 1910. Die Nepomuk-Statue ging 1789 beim Sturz von der Brüstung in Trümmer. Heute wacht ein neuer Nepomuk über die alte Brücke und den Weinort. Insbesondere das Hochwasser von 1804 hatte auch große Schäden im Ort hinterlassen, viele Häuser, so auch das Pfarrhaus, wurden damals von den Fluten mitgerissen. Doch es blieb auch vieles erhalten, so das älteste Fachwerkhaus des Ortes im Nollweg.

In den Mittelpunkt des Interesses rückte Rech als Weinort, als der Gault-Millau Wein-

Die alte Ahrbrücke in Rech

Die Weinorte an der Ahr

guide Deutschland 2002 den Recher Winzer Jean Stodden zum „Aufsteiger des Jahres" kürte. Seit 1578 hatte sich die Familie Stodden im Ahrtal dem Weinbau verschrieben. Im Jahre 1900 begann Alois Stodden seine Spätburgunder selbst zu keltern. Heute ist Jean Stodden ganz dem Ziel „Klasse statt Masse" verpflichtet – er hat dafür seine Anerkennung gefunden.

Aber auch die Herren auf der Saffenburg wussten schon Qualität zu schätzen. Sie besaßen ihre Spitzenlagen auf dem Herrenberg – so trägt die eine der drei Recher Weinlagen, der „Recher Herrenberg" im Nordwesten des Ortes, seinen Namen auch von der Saffenburger Herrschaft. Hier überwiegen Steillagen auf Grauwacke, Löß und Lößlehm. Kultiviert werden weit überwiegend rote Reben, während beispielsweise der „Recher Hardtberg" im Nordwesten des Ortes sogar noch mehr Steillagen aufweist, die über die Hälfte mit Riesling-Reben besetzt sind – eine Ausnahme für die Ahr, aber die hier vorherrschenden flachen bis mittelgründigen Schieferverwitterungsböden eignen sich nun einmal besonders für die Königin aller Weißweinreben. Eher flach ist dagegen die dritte Lage „Recher Blume" unmittelbar nördlich des Ortes, die durch Terrassenkies und Terrassenlehm gekennzeichnet ist. Auch hier dominieren wieder die roten Reben.

Die links der Ahr entlang führende Bundesstraße B 267 bildet sozusagen die „Touristen-Rennstrecke" von Rech. Hier reihen sich Hotels, Pensionen, Weingüter und Straußwirtschaften aneinander. Von Altenahr kommend fällt sofort das moderne Gebäude des „Hotels Appel" mit seinem etwas rückwärtig gelegenen Gästehaus auf. Nach der Brückenkreuzung steht links das Hotel und Weingut „Nepomuk", rechts das Restaurant „Ahrblume" mit Weinlaube. Es folgen in Richtung Dernau das Weingut des „Aufsteigers" Jean Stodden, des Verfechters gerbstofffreier Rotweine, das Hotel „Recher Hof", das Weingut Adolf Schreiner, das Weinhaus und Hotel-Restaurant Sebastian, das Weingut Peter Sülzen, das Weingut Schell mit dem „Weinhaus Onkel Max", das Weingut Josef Becker sowie außerhalb des Ortes auf halbem Weg nach Dernau der Neubau des Weingutes Otger Schell.

Der alte Ortskern von Rech erstreckt sich rechts der Ahr. Die Brückenstraße führt zum Ortskern, das erste Haus rechts wird vom Weingut Jakob Sebastian eingenommen, ein alt eingesessenes Unternehmen, dass neben vorzüglichem Wein, Sekt, Brand und Trester auch Weinbergsgeröll anbietet, feine Schokoladenpralinen mit Kruste, gefüllt mit Ahr-Spätburgunder-Trester – „eine Schnapsidee von der Ahr", wie Jakob Sebastian seine Spezialität beschreibt. Das nächste Haus wird von der 1890 gebauten ehemaligen Dorfschule eingenommen. Und dann sieht man auch schon die der Heiligen Lucia geweihte Ortskirche inmitten eines Ensembles schöner Fachwerkhäuser, gegenüber das alte Pfarrhaus, heute „Weinhaus Altes Pfarrhaus", seitlich gegenüber die alte Dorfschänke. Die Kirche selbst stammt aus dem Jahre 1499, eine Erneuerung erfolgte 1720. Der Blick des Betrachters wird im Inneren der einschiffigen, mit einem Kreuzrippengewölbe eingewölbten Bau auf den Hochaltar und die auffallende, Figuren geschmückte, seitlich stehende Kanzel gelenkt. Rechts vor der Kirche führt die Bärenbachstraße hoch in die Weinberge. Vorbei am Haus Bärenbach mit einer gemütlichen Straußwirtschaft im Innenhof kommt man am Ende der Fahrstraße zum Jagdhaus Rech, das für seine Wildküche bekannt ist.

Rech-Tipps

(Postleitzahl 53506, Tel.-Vorwahl 02643)

Information
- Heimat- und Verkehrsverein e.V., Nollstraße 31, Tel. 7072, Fax 1857, www. weinort-rech.de

Gastronomie (Auswahl)
- Hotel Appel: mit Gästehaus, Rotweinstraße 3, Tel.: 7660, Fax: 3117, große Terrasse, Tagungsräume, Bundeskegelbahn, (Dz 30-50 €),
- Landgasthof Jagdhaus Rech: Bärenbachstraße 35, Tel.: 8484, Fax: 3116, ruhige Lage am oberen Ortsrand, Restaurant und Hotel, Internet: www. jagdhaus-rech.de, (Dz 66-67 €),
- Straußwirtschaft und Pension Walter Hostert: Bärenbachstraße 3, Tel.: 8352, Fax: 3555, zentral im Ort gelegen, (Dz 32 € - 42 €),
- Weinhaus Onkel Max: zum Weingut Max Schell, Rotweinstraße 41, Tel/Fax: 35 80;
- Weinhaus Nepomuk: (zum Weingut St. Nepomuk, s.u.), gutbürgerliche Küche, täglich (außer mi) von 10.00-22.00 Uhr geöffnet, Jan. geschlossen, Hotel Recher Hof: Rotweinstraße 13, Tel.: 7660, Fax: 3177, Restaurant, Kaminzimmer, Terrasse, täglich geöffnet 11.00-23.00 Uhr, Fitnessraum und Solarium, (Dz 40 €),
- Hotel Weinhaus Sebastian: (zum Weingut Jakob Sebastian, s.u.) Rotweinstraße 26, Tel.: 1714, Fax: 2213, (Dz 30-40 €)

Winzer
- Weingut Josef Becker: Rotweinstraße 40, Tel.: 7007, Fax 2397, E-mail: j.h.becker-ahr@t-online.de, Weinproben n.V. 10-15 Personen, Weinstube 35 Sitzplätze;
- Weingut St. Nepomuk: Inh. K.Schatz, Rotweinstr. 5, Tel.: 1617, Fax: 3118, E-Mail: st.nepomuk-rech@t-online.de, Internet: www.stnepomuk-rech.de, , Kellerbesichtigung und Weinprobe n.V. bis 150 Pers., rustikaler Gewölbeweinkeller bis zu 200 Pers.;
- Jean Stodden – Das Weinhaus: Rotweinstraße 7-9, Das Rotweingut, Rotweinstr. 7-9, Tel.: 3001, Fax: 3003, E-Mail: info@stodden.de, Internet: www.stodden.de, „Aufsteiger" des Jahres 2002, Weinseminare mit Voranmeldung bis zu 20 Pers., Kunstausstellungen, Künstleretikettserie.
- Wein- u. Sektgut Otger Schell: Rotweinstr. 33, Tel.: 8387, Fax: 3211, E-Mail. Weingut-Schell@t-online.de, Wein- und Sektproben n.V. bis zu 70 Pers., Weinstube bis 70 Sitzplätze, Weinbergsführung.
- Weingut Jakob Sebastian: Brückenstr. 2, Tel.: 9361-0, Fax: 9361-61, E-Mail: info@jakob-sebastian.de, Internet: www.jakob-sebastian.de, Kellerbesichtigung und Weinprobe n.V. bis zu 30 Pers.
- Weingut Anton Stodden, Rotweinstraße 11, Tel.: 1735
- Weingut Adolf Schreiner, Rotweinstraße 23, Tel: 8590

Weinfeste
- 3. Wochenende im September mit Feuerwerk am Samstag und Winzerfestzug am Sonntag
- Lucia-Markt: 2. Advent

Wanderwege
- Rundweg 1 (6,5 km) Altes Bärenbach-Tal, Gieshardt, Flucht nach Ägypten, Steinerberg, Scheidweg, Altes Bärenbachtal;
- Rundweg 2 (9,1 km) Nolls Nück, Recher Sattel, Höhe 493, Jonnheck;
- Rundweg 3 (7,4 km) Hardt, Wiesenstein, Etzlerhardt, Höhe 413, Hondelsweg, Tonnenbachsweg;
- Rundweg 4 (3,7 km) Ahrbrücke, Ahrtalweg zur Steinerbergsmühle, Uferweg links;
- Rundweg 5 (1,3 km) Ahrbrücke, Sportplatz, Friedhof, Ortsmitte;
- Rundweg 6 (4,5 km) Ahrbrücke, Bahnhof, Rotweinwanderweg über Mosesquelle und Rastplatz Stiepe Kirch, Pats-Heiligenhäuschen, zurück Parallelweg zum Rotweinwanderweg

DERNAU

Der direkte Weg von Bonn nach Dernau führt entlang der Autobahn über das Meckenheimer Kreuz hinaus in Richtung Altenahr, wo man auf der Kuppe vor der Kalenborner Höhe nach Esch (Wegweiser!) links einbiegt. Das zweite Haus auf der rechten Seite direkt hinter dem Abzweig lohnt einen Stopp. Hier werden im Obsthof Kießling mehrfach prämierte Obstbrände angeboten. Über Esch führt der Weg dann nach Dernau, wo sich unterhalb des Sportplatzes dem Betrachter das Tal öffnet. Die Landstraße ist hier verbreitert, der alte Fahrweg zum „Aussichtspunkt Sonderberg" ausgebaut worden. Von einer Aussichtsempore genießt man einen tiefen Einblick in das Ahrtal, das sich hier zu einem breiten Talkessel öffnet, an dessen unterem Ende Dernau liegt. An den von der Sonne beschienenen Hängen ziehen sich die Weinberge entlang, nach oben durch Wald begrenzt. Im Süden erhebt sich der Krausberg. Die Fahrstraße, die hinauf führt, ist streckenweise zu erkennen.

Auf der Weiterfahrt nach Dernau muss man am Ende der Straßenbiegung hinter dem Aussichtspunkt den Blick nach rechts in die Mulde wenden – hier stehen noch die Grabsteine des ehemaligen jüdischen Friedhofs von Dernau.

Dernau kann auf eine mehrere tausend Jahre alte Siedlungsgeschichte zurückblicken. Funde von Steinbeilen, Schabern, Steinen und Speerspitzenbruchstücken in der näheren Umgebung belegen die Anwesenheit von Menschen schon im Neolithikum. Für die Römerzeit ist eine wesentlich dichtere Besiedlung nachgewiesen. So ist

Blick über Dernau zum Krausberg

Die Weinorte an der Ahr

am Fuße der nach Süden zeigenden Rebhänge, etwa vom Friedhof bis zum Oberdorf, eine römische Brand- und Scherbenschicht vorhanden. Der Hauptsiedlungsplatz der Römer lag allerdings im Bereich des ehemaligen Winzervereins. Mehrere Münzen und Bruchstücke von zwei Inschriften auf Steinen, die sich heute im Ahrgau-Museum befinden, konnten geborgen werden. Die erste Nachricht mittelalterlicher Besiedlung stammt aus dem Prümer Urbar aus dem Jahr 893, das hier ein Eigengut mit Namen Degenerauale ausweist, zweifelsohne die Keimzelle des heutigen Ortes Dernau. Im Hochmittelalter hatten dann auch das Stift Rees am Niederrhein und die Abtei Klosterrath bei Aachen in Dernau Besitz. 1108 ging der Reeser Besitz an Klosterrath über, und 1290 wurde der Klosterrather Besitz an das benachbarte Kloster Marienthal veräußert – ab 1287 war Dernau bereits in die Herrschaft Saffenburg einbezogen. Vom 13. bis zum 15. Jahrhundert hatte außerdem in Dernau eine ritterliche Familie von Dernau ihren Sitz, die eine eigene Burganlage bewohnte und zeitweilig mit dem Kirchspiel belehnt war, „ohne doch geschichtlich wichtig aufzutreten", wie Kinkel in seiner Beschreibung der Ahr zu berichten weiß.

Wenn es auch keine Belege darüber gibt, so ist doch davon auszugehen, dass schon die Klöster Rees und Klosterrath deshalb an der Ahr begütert waren, weil sie hier Weinbau betreiben wollten. Heute verfügt Dernau mit der „Goldkaul", dem „Burggarten", der „Schieferlay", dem „Pfarrwingert" und dem „Hardtberg" über fünf Weinlagen, die vorwiegend durch Schieferverwitterungsböden, Gehängelehm und stark kiesige Grauwacke-Steinböden gekennzeichnet sind. Auf Schie-

Die Weinorte an der Ahr

Der jüdische Friedhof oberhalb von Dernau

fer gedeihen die Weine eher rassig und lebendig, auf Löß und Lehm füllig und samtig. 70 Prozent der Weingärten werden im Nebenerwerb und 30 Prozent im Haupterwerb durch selbstvermarktende Winzer kultiviert – letztere sind in Dernau besonders prägnant vertreten. Denn das „Starweingut" der Ahr „Meyer-Näkel", das Aushängeschild der neuen Ahrwein-Qualitäten, hat seinen Sitz mit seiner Winzerschänke „Hofgarten" inmitten von Dernau.

Das Ortsbild Dernaus mit seinen schmalen Gassen und manch schön restauriertem Fachwerkhaus wird von der katholischen Pfarrkirche geprägt. Hier soll auch der Rundgang durch den Ort beginnen.

Die Pfarrkirche wird urkundlich erstmals im Jahre 1147 erwähnt. Im Jahre 1448 wurde das noch beim Kloster Klosterrath verbliebene Patronatsrecht an der Pfarrkirche an das Kloster Marienthal verkauft – einschließlich des Rechts auf die Erhebung des Zehnten. Die Gewölbe des im Dreißigjährigen Krieg von schwedischen Truppen arg in Mitleidenschaft gezogenen Baus stürzten 1745 ein, die ganze Kirche brach 1755 in sich zusammen. Der in Bruchsteinbauweise errichtete Neubau konnte am 12. Juni 1763 geweiht werden. Nach dem Zweiten Weltkrieg wurde der Kirchenbau um ein breites Seitenschiff erweitert. Bemerkenswert ist die barocke Ausstattung der Kirche, deren drei große Altäre ihr Inneres beherrschen. Der gewaltige, 1782 errichtete Hochaltar ist dem Heiligen Johannes von der lateinischen Pforte und der linke Seitenaltar den Heiligen Silvester, Sebastianus und Quirinus geweiht. Der rechte Seitenaltar wurde bereits im Jahr 1774 zu Ehren der Unbefleckten Empfängnis errichtet. Des Weiteren weist die Kirche an den Seitenwänden eine Reihe barocker Statuen auf, von denen einzelne noch aus dem 17. Jahrhundert stammen. Die barocken Steinkreuze an der Außenwand weisen noch darauf hin, dass hier einst neben der Kirche auch der Friedhof gelegen war.

Gegenüber dem seitlichen Kircheneingang öffnet sich das Tor zum „Hofgarten", der Schänke des Weingutes „Meyer-Näkel". Im Jahre 2001 wurde Werner Näkel, Inhaber des Weingutes, von der Zeitschrift „Feinschmecker" zum Winzer des Jahres gekürt! Und 2004 nochmal vom „Wein-Guide Deutschland". Viel Ehre für einen Seiteneinsteiger, denn Werner Näkel ist von Hause aus Lehrer, hing aber seinen Beruf schon bald nach der ersten Erprobung an den Nagel.

Die enge Bachstraße, die an der Dernauer Pfarrkirche vorbeiführt, bietet mit ihrer Pflasterung und dem Ensemble aus Fachwerkhäusern um die Pfarrkirche, von denen eines aus dem 17. Jahrhundert datiert, noch den romantischen Eindruck eines Ahrtaler Winzerdorfes. An der Ecke der Kreuzung

Die Weinorte an der Ahr

mit der Hauptstraße steht vor dem Wirtshaus Op de Bach eine Marienstatue in einem Heiligenhäuschen. Genauso eng wie die Bachstraße ist die Hauptstraße, im Volksmund „Dichjass" genannt. Hingewiesen sei auf die alten Fachwerkhäuser in der Straße (Nr. 52, 44, 8). An der Hausnummer 19 ist eine Hochwassermarke aus dem Jahr 1804 in der Höhe der Decke zum 1. Stock angebracht.

In der Hauptstraße steht auch der „Schloßhof" als ältestes Weingut Dernaus mit einem großen Weingarten auf der gegenüber liegenden Straßenseite. Der Schloßhof war seit 1400 ein Wirtschaftsgebäude und gehörte zu einer nahe gelegenen Burg, von der aber nichts mehr bekannt ist. Bis um 1700 wohnte hier ein Verwalter im Auftrag der Herren von Saffenburg. Ab 1859 diente das Wohnhaus als Gasthof und trug den Namen „Gasthof zum Schloß". Erste Urkunden aus dem Jahre 1768 sowie eine Schankerlaubnis aus dem Jahre 1859 sind noch vorhanden. Der Schloßhof präsentiert die ganze Palette der Ahrweine, und Win-

Die Weinschenke Hofgarten

In den Weinbergen von Dernau

zersohn Gisbert Ley interessiert sich dabei insbesondere für die weißen, so für den Weißen Burgunder, eine Mutation des Grauen Burgunders, außerhalb Deutschlands als Pinot blanc bekannt. Die Rebe liefert Weine guter Qualität mit wenig Säure und einem milden, neutralen Aroma.

In Verlängerung der Hauptstraße bietet auch die Burgstraße ein hübsches Ensemble an Fachwerkhäusern. Die Straußwirtschaft „Im Burggarten" ist in einem dieser schönen Häuser untergebracht und verfügt über einen idyllischen Innenhof für seine Gäste.

Den Rückweg zur Kirche kann man über die höher gelegene Straße „Im Wingert" antreten. Hier findet man als weitere Attraktion Dernaus die Straußwirtschaft des Weingutes Erwin Riske, das heute vom Erben und Winzermeister Volker Riske, einem vormaligen Sport- und Kunstlehrer, betrieben wird. Diese Straußwirtschaft ist mit ihrem urigen Ambiente durch Prämierung in einem Rundfunk-Wettbewerb der schönsten Straußwirtschaften an Rhein und Ahr längst weithin bekannt.

Die Touristenrennstrecke Dernaus wird von der parallel zum Fluss und zur Eisenbahnstrecke verlaufenden Schmittmannstraße (B 257) gebildet. Hier werden Wanderer wie gleichermaßen Kegelbrüder von Weinschänken, Gastgärten und Wirtschaften „abgefangen".

Auf der Dernau gegenüber liegenden Ahrseite stehen die nüchternen Gebäude der „Ahr-Winzergenossenschaft". Sie entstand aus dem Zusammenschluss der zwei Dernauer Genossenschaften mit denen aus Bachem, Heimersheim, Rech und Lantershofen. Ihr Sitz ist heute in Bad Neuenahr. Die Räumlichkeiten in Dernau laden aber nach wie vor zu Weinproben ein.

Der Rundgang durch Dernau schließt mit der Besteigung des Krausberges ab. Der Weg führt links am Winzerverein und dann an der Ahrklause vorbei, einem Wanderer-Restaurant mit rustikaler Speisekarte, in gemächlicher Steigung durch Wälder und die Weingärten der Dernauer Goldkaul aufwärts. Auf

Dernau-Tipps

(Postleitzahl 53507, Tel.-Vorwahl 02643)

Information
- Gemeindeverwaltung: Ahrstraße 7, Tel.: 2008, Fax: 3318. www.dernau.de

Gastronomie (Auswahl)
- Ahrklause: Auf der Wacht 1, Tel.: 7258, geöffnet 1.4. bis 31.10. di-fr ab 15.30 Uhr, sa, so ab 11.00 Uhr, E-Mail: info@ahrklause.de, Internet: www. ahrklsuse.de;
- Hofgarten: Gutsschänke des Weinguts Meyer-Näkel, Inhaber Hartwig Näkel, Bachstraße 26 (im Gebäudekomplex des Weinguts), Tel.: 1540, Fax: 2995, ganztägig geöffnet mo-so 11-23 Uhr;
- Schloßhof-Gutsausschank „Im Gläschen": geöffnet mo-fr 9-12 und 13-19 Uhr (sa -17 Uhr), so 11-14 Uhr (1.9-31.12. -17 Uhr);
- Straußwirtschaft des Weinguts Erwin Riske, Wingertstraße 26-28, Tel.: 84 06, Fax: 35 31, geöffnet 1.5. bis Mitte Juni und Mitte Sept. bis Ende Nov. sa, so und feiertags 12-19 Uhr (besonders empfehlenswert auch das hausgemachte Weingelee)
- Straußwirtschaft „Im Burggarten": Burgstraße 6, geöffnet Mai bis Nov. sa von 12-22 Uhr, (so -20 Uhr), Sept./Okt. di, mi, do 15-19 Uhr (fr, sa -2 Uhr, so -20 Uhr), mo Ruhetag, Tel.: 7984;
- Restaurant Weinhaus Bertram: Schmittmannstraße, Tel.: 8314, gut bürgerliche Küche;

seinem Gipfel erhebt sich der Krausbergturm, zwischen den Kriegen errichtet, im Krieg als Markierungspunkt gesprengt und nach dem Krieg durch die Mitglieder des Dernauer Eifelvereins neu errichtet. Der Verein betreibt auch die Gastronomie in der Krausberghütte neben dem Turm – immer wenn die weithin sichtbare Fahne auf dem Turm weht, ist die Hütte bewirtschaftet. Mühsam ist der enge Aufstieg auf den Turm – aber er belohnt seine Besucher mit einer Fernsicht über die Landskron und den Neuenahrer Berg zum Rhein, in die Hocheifel und bei klarem Wetter bis Köln.

- Hotel-Restaurant Zum Rebstock: Schmittmannstraße 38, Tel.: 1790, Fax: 1771, gehoben bürgerliche Küche, (Dz 29-39 € ab 3 Ü/F);
- Kölner Hof: Schmittmannstraße 40, Tel.: 8407, Fax: 3278, www.weindorfdernau.de, Hausmannskost
- Pension Kreuzberg: Schmittmannstraße 30, Tel.: 1619, Fax: 3206, E-Mail: weingut.kreuzberg@t-online.de, Internet: www. weingut-kreuzberg.de, 10 Zimmer (Dz 42-52 €)

Winzer
- Weingut H. J. Kreuzberg: Straußwirtschaft – Pension, Schmittmannstr. 30, Tel.: 1691, Fax: 3206, E-Mail: weingut.kreuzberg@t-online.de, Internet: www.weingut-kreuzberg.de, Weinstube mit 40 Sitzplätzen, überdachte und beheizte Weinlaube, Pension, Kellerbesichtigung und Weinproben n.V.
- Weingut Meyer-Näkel: Hardtbergstr. 20 (Eing.: Friedenstr. 15), Tel.: 1628, Fax: 3363, E-Mail: weingut.meyer-naekel@t-online.de, Internet: www. meyer-naekel.de, „Winzer des Jahres 2001", Kellerbesichtigung und Weinprobe n.V. bis zu 25 Pers.
- Weingut Gebr. Bertram: Schmittmannstraße, Tel.: 8314, Fax: 1568, Kellerbesichtigung und Weinproben n.V. 15-30 Pers., Ruhetag Dienstag.
- Schlosshof: Inhaber: Johannes Alfred Ley, Hauptstraße 49, Tel.: 8465, Fax: 2731, E-Mail: info@weingut-schlosshof.de, www. weingut-schlosshof.de;
- Winzergenossenschaft: Ahr-Winzer eG, Ahrweg 7, Tel.: 1266, Fax: 900540, Internet: www. ahrwinzer-eg.de, Weinproben n.V. 20-80 Pers. im Gewölbekeller.
- Weingut Ernst Sebastian, Hardtbergstraße 5, Tel.: 1216

Einkaufen
- Kießlinghof: 53501 Grafschaft-Esch, Tel.: (02641) 3 44 46, Fax: 90 12 61, E-Mail. info@obsthof-kiessling.de, Internet: www.obsthof-kiessling.de, Obst, Gemüse, Brände, durchgehend 9-18 Uhr geöffnet, besonders zu empfehlen der Pfirsichlikör, für den Weinbergpfirsiche von der Mosel besorgt werden

Weinfest
- Letztes Wochenende im September

Wanderwege
(Rechts der Ahr)
- Rundweg 1 (3,5 km) Breitental, Ohnert, Goldkaul, Taufenbachtal, Steinbergsmühle, Ahrtalweg;
- Rundweg 2 (5 km) Breitental, Auf Müllert, Krausenhardt, Holzschleif, Steinbergsmühle, Ahrtalweg;
- Rundweg 3 (7,5 km) Breitental, Krausberg, Alfred-Paetz-Platz, Dernauer Platz, Maushelten, Steinbergsmühle, Ahrtalweg;
(Links der Ahr)
- Rundweg 4 (2,5 km) Dr.-Habighorst-Weg, Klosterberg, Rotweinwanderweg bis Pfarrwingert, Bachstraße;
- Rundweg 5 (4 km) wie 4, aber dann nach Hilberath zum Aussichtspunkt, Eigelstal, Nierbachtal, Bachstraße;
- Rundweg 6 (6 km) Bachstraße, Nierbachtal, Rotweinwanderweg, Pats-Heiligenhäuschen, Patnück, Heidelstal, Sportplatz, Nierbachtal, Bachstraße

MARIENTHAL

Marienthal, ein Ort mit nur wenigen Häusern, liegt zwischen Dernau und Walporzheim an einer Flussschleife der Ahr, wo ein tief eingeschnittenes Bachtal den nördlich gelegenen Ringener Wald entwässert. Die Häuser westlich des Bachtals gehören zu Dernau, die Häuser östlich zur Stadt Bad Neuenahr – Ahrweiler.

Abt Borno von Klosterrath, jenem Kloster bei Aachen, das im Raum Dernau begütert war, erhielt 1136 vom Grafen von Saffenburg die Bauerlaubnis eines Stiftes für adelige Chor- und bürgerliche Laienschwestern. Vier Jahre später nahm der Kölner Erzbischof Arnold von Wied die Weihe der Klosterkirche vor. Marienthal gedieh und wurde ein reiches Kloster, erfreute es sich doch des Wohlwollens des einheimischen Adels, der so manche seiner Töchter hier unterbrachte. Damals umfasste die Klosteranlage neben der Kirche und Unterkünften mit einem Priorhaus eine Küche, eine Brennerei und Bäckerei und nicht zuletzt Häuser für

> **Der General-Anzeiger schreibt über die Weinbaudomäne Marienthal:**
>
> Sie ist idyllisch im denkmalgeschützten Gebäude des ehemaligen Klosters im engen Bachtal untergebracht: die staatliche Weinbaudomäne Marienthal. Neben Fachleuten sind in dem Versuchsweingut Weinfreunde willkommen. Denn auf den 16 Hektar Weinbergsfläche werden nicht nur Rebsorten auf ihre Tauglichkeit für das Anbaugebiet Ahr hin getestet. Aus den Trauben produzieren die Mitarbeiter Wein, und der macht dem Haus alle Ehre. So trägt sich die Domäne aus den Verkaufserlösen weitgehend selbst.

Die Weinberge von Marienthal

Die Weinorte an der Ahr

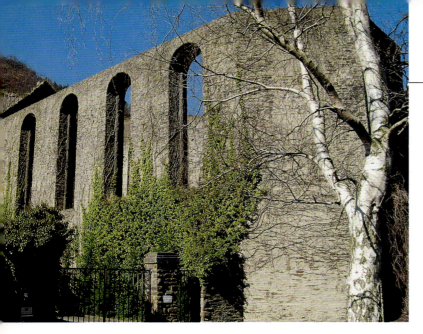

Kranke und Gäste. Einkünfte flossen aus reichen Besitzungen wie etwa Äcker und Wald bei Rech und Walporzheim sowie Wingerte im Umkreis bis hinauf nach Vettelhoven und in Ahrweiler. Dazu kamen diverse Zinseinkünfte. Fast am Ende des Dreißigjährigen Krieges brannten die Franzosen 1646 die Klostergebäude nieder. Der Neubau aus dem Jahre 1699 wich von der mittelalterlichen Anlage grundlegend ab. In der napoleonischen Ära wurde das Kloster aufgehoben und von den letzten Nonnen verlassen, 1811 die Klosterkirche zum Verkauf auf Abbruch angeboten, wovon man damals regen Gebrauch machte – wie die noch existierenden Mauerreste der Kirche zeigen. „Der Eindruck ist wehmütig" schildert Kinkel seine Gefühle bei der Betrachtung der Klosterruine.

Der in der Mitte des 18. Jahrhunderts zum damals noch bestehenden Kloster dazu gebaute Rokokopavillon ist seit 1925 Sitz der Staatlichen Weinbaudomäne Marienthal, die 1952 als Domäne des Landes Rheinland-Pfalz der Staatlichen Lehr- und Versuchsanstalt in Bad Neuenahr angeschlossen wurde. Die Weinbaudomäne verfügt über 18,5 Hektar Rebland, darunter die Lagen Marienthaler Klostergarten und Stiftsberg in Alleinbesitz. Die Qualität der Domänen-Weine zeigt sich an den vielen Preisen, die sie national wie auch international erzielen konnten, so etwa bei der Mundus Vini in Neustadt an der Weinstraße, der Mondiale de Pinot Noir in Sierre im Wallis und vor allem bei der für den deutschen Weinexport so wichtigen International Wine and Spirit Competition in London.

Die Weinberge von Marienthal werden in die Lagen „Rosenberg", „Jesuitengarten", „Trotzenberg", „Stiftsberg" und „Klostergarten" unterteilt, in denen auf vorherrschenden Tonschieferverwitterungsböden hervorragende fruchtige Spätburgunder und Portugieserweine heranreifen. Der „Stiftsberg" im oberen Ortsbereich weist überwiegend Steillagen auf, der „Klostergarten" links des Bachtals ist ganz steil. Beide Lagennamen weisen auf das Kloster als früherem Besitzer hin. Hier hat die Weinbaudomäne ihre Versuchsanlagen, die besonders im Herbst an der unterschiedlichen Laubfärbung zu erkennen sind. Die Weinlage „Trotzenberg" östlich des Bachtals ist nach der gleichnamigen Erhebung benannt, auf der einst eine Trutzburg der Kurkölner als Abgrenzung zum Saffenburger Besitz stand – übrig ist davon nichts mehr. Genauso steil wie der Trotzenberg ist die Weinlage „Jesuitengarten". Sie verdankt ihren Namen den Jesuiten, die früher Besitz in Neuenahr hatten. Und der östliche Ortsteil von Marienthal war ja Neuenahrer Gebiet. Die Weinbergslage „Rosenberg" liegt immerhin auf einem 200 bis 250 Meter hohen Plateau, auf dem im Gegensatz zu den anderen Marienthaler Lagen Terrassenlehme und Löß vorherrschen. Die hier im oberen Marienthaler Weinbaubereich gewachsenen Weine sind säurebetonter und eleganter.

Die Weinorte an der Ahr

*Die Weinbau-
domäne Marienthal*

*Die Ruine der
ehemaligen
Klosterkirche von
Marienthal*

Übrigens bestand in Marianthal noch bis Ende des Jahres 2003 der „Winzer-Verein Marienthal e.G." (e.G. = eingetragene Genossenschaft) als kleinster der Ortswinzervereine an der Ahr. Mit weniger als fünf Hektar Rebfläche war er auf Dauer aber nicht mehr lebensfähig. Die Mitglieder traten der AHR-Winzer e.G. bei, der Geschäftsführer des Marienthaler Winzervereins führt aber den betrieb ab 2004 auf privater Basis weiter führen

Doch Marienthal ist nicht nur durch seine Weine so bekannt – hier hatte der Deutsche Bundestag zur «Bonner Hauptstadtzeit» in einem Bunker unterhalb der Weinberge seinen Ausweichsitz. Vierzig Jahre lang war dieser Regierungsbunker streng geheim, ein Ausweichsitz für die Verfassungsorgane des Bundes. Er wurde in den 60-er und 70-er Jahren im Auftrag der Regierung für den Fall eines Atomkrieges gebaut. 110 Meter unter der Erde mit 25.000 Türen, Operationssaal, Zahnarztpraxis und Platz für 3000 Regierungsmitglieder. 1997 beschloss die Regierung, den Bunker aufzugeben. Er wird zurückgebaut.

Nach dem Eintritt der Bundesrepublik in die Nato 1955 hatte man sich an den bereits 1910 gebohrten alten Eisenbahntunnel in Marienthal 20 Kilometer südlich von Bonn erinnert. Im Zweiten Weltkrieg wurden hier im Tunnel V1- und V2-Raketen montiert. Dieses geschichtsträchtige Bauwerk erschien den Militärstrategen der Bundesrepublik hervorragend geeignet, um unter dem Schiefergestein den geschützten Notsitz der Regierung aufzunehmen. Doch nun wird der Tunnel nicht mehr gebraucht. Vielleicht könnte ein Teil des Bunkers erhalten bleiben: Die Stadt Bad Neuenahr-Ahrweiler würde gerne einen 300 Meter langen Tunnel-Abschnitt übernehmen, um dort ein Bunker-Museum einzurichten. Die Chancen stehen gut. Auch das Haus der Geschichte der Bundesrepublik Deutschland in Bonn wäre an einer Kooperation interessiert. Der Fotograf Andreas Magdanz hat das Relikt des Kalten Krieges in einem Fotoband fest gehalten.

Marienthal-Tipps

(Postleitzahl 53507, Tel.-Vorwahl 02641)

Winzer
- Winzer-Verein Marienthal Gerd Backes GmbH: Marienthaler Straße 13, , Tel.: 3 48 15, Fax: 3 71 04, E-Mail: info @ wvm-ahr.de, Internet: www. wvm-ahr.de, Tel.-Durchwahl G. backes 90 29 19 - 1, Direktverkauf in einer Probierstube, Kellereibesichtigung und Weinproben bis 40 Personen; _Weingut Klosterhof: etc.
- Weingut Klosterhof: Rotweinstraße 7, Tel.: 3 62 80, Fax: 3 58 54, mit Schenke, montags Weinproben;
- Staatliche Weinbaudomäne Marienthal: Klosterstraße 3, Tel.: 98 06 00, Fax 98 06 20, E-Mail: domaene.slv-aw, Internet: agrarinfo.rlp.de; im historischen Klosterkeller werden die Rotweine weit überwiegend im Holzfass ausgebaut, bei Weißweinen werden neue Wege mit einem Cuvée aus Weißburgunder und Riesling beschritten, der leicht prickelt und nach frischen Früchten duftet, ein Wein für unbeschwerte Sommerabende! Weitere Spezialitäten sind Weine älterer Jahrgänge sowie auch Blanc-de-Noir-Sekte

Feste
- Marienthaler Lichterabende: Folklore in der Klosterruine, vier Abende zwischen Juni und August

Wanderweg
- Rundweg 20: (11 km – Nummerierung Bad Neuenahr-Ahrweiler) Marienthal, Ahrweiler (Adenbachtor), Silberberg, Kuxberg, Zentralhütte, Marienthal

Der Rokkokopavillon des ehemaligen Klosters Marienthal

Exkurs: Kloster Marienthal – Entstehungsort des Rheinischen Marienlobes?

Dadurch, dass im Dreißigjährigen Krieg erst schwedische Truppen das Kloster Marienthal plünderten und dann französische Truppen die Klostergebäude vernichteten, sind vom mittelalterlichen Kloster fast keine Quellen erhalten. Doch liegt die Vermutung nahe, dass hier das „Rheinische Marienlob", eine der schönsten rheinischen Dichtungen des Mittelalters, entstanden ist! Fachleute setzen für die Niederschrift seiner 137 Blätter die Zeit um die Mitte des 13. Jahrhunderts an – damals schrieben fleißige Mönche neben weiteren Texten das über 5000 Verse umfassende mittelhochdeutsche Mariengedicht aus einer uns verloren gegangenen Handschrift ab. Heute zählt die Niedersächsische Landesbibliothek in Hannover dieses Pergamentmanuskript (MS 181) zu ihren Schätzen, das erstmals 1455 im Kölner Karthäuserkloster zu Sankt Barbara bezeugt ist. Als Verfasser des „Rheinischen Marienlobes" kommt Prior Thomas des Nonnenklosters in Betracht – selten, aber dennoch gab es damals auch einen Prior als Vorsteher eines Nonnenklosters. Der Prior verfasste im Frieden seiner klösterlichen Zelle im Ahrtal den großartigen Hymnus zu Ehren der Heiligen Jungfrau, ein Marienlob, das der Kölner Germanist Joachim Bumke zu den „schönsten Mariendichtungen des 13. Jahrhunderts" zählt.

WALPORZHEIM

Der Weg von Marienthal nach Walporzheim, heute Ortsteil der Stadt Bad Neuenahr-Ahrweiler, entlang des Ahrtals führt an den schroffen und steil empor ragenden Felsen „Kaiserstuhl" und „Bunte Kuh" vorbei, die der Fahrstraße parallel zum Fluss kaum mehr Platz lassen. Gerade von der Bunten Kuh weiß Kinkel Sagenhaftes auf seinem Weg die Ahr aufwärts zu berichten: „Da ragt rechts ein wunderlicher Fels über den Weg herein, entfernt einem Tierhaupt ähnlich, und eben hier spukt mancherlei Sagengebild. Ein Mädchen hat gewettet, ihn zu besteigen, eine Flasche Wein auf ihm zu leeren und die Strümpfe zu wechseln; damit gewann sie die Kuh, die der Preis der Wette war und dem Felsen den Namen gab". Im März 2003 hat übrigens ein Steinschlag einen großen Teil dieses, einem Kuhkopf ähnelnden überhängenden Felsbrockens abgerissen. Die Ahrtalstraße musste deswegen sogar eine Zeit lang gesperrt werden. Doch der Kuhkopf ist immer noch zu erkennen....

Hat man die „Bunte Kuh" flussabwärts passiert, öffnet sich in Walporzheim die Talsohle des Flusses, die Ahr verlässt ihr Engtal und tritt in den Unterlauf ein. Wählt man den Rotweinwanderweg vom Weinrestaurant „Bunte Kuh" unterhalb von Marienthal über die höher gelegenen Weinberge nach Ahrweiler, so kann man nach den Weinschenken „Försterhof" und „Altenwegshof" auf der Kuppe rechts abbiegen und gelangt zum Aussichtspunkt „Bunte Kuh" – ein leichter Weg, der am Ende einen wunderbaren Einblick in das Ahrtal bietet. Beim Abstieg nach Ahrweiler kommt man am Hotel-Restaurant Hohenzollern, einer der besten Adressen an der Ahr, und dann am Fuße des Silberberges am Weingut Silberberg mit seiner weithin bekannten Straußwirtschaft (siehe Ahrweiler) vorbei.

Walporzheim wird wie viele andere Orte an der Ahr erstmals im Güterverzeichnis des Klosters Prüm aus dem Jahr 893 als Walpertshoven erwähnt. Die Geschichte des Ortes ist eng mit der des Weinhauses Sanct Peter verbunden, jenem Wein- und Gourmettempel, der die Ahr so berühmt gemacht hat. Um 600 bestand hier ein königseigener fränkischer Meierhof, der um 800 in den Besitz des Klosters Prüm kam und dann um 1100 Hofgut der Grafen von Are wurde – so kam das Hofgut mit der Are-Hochstaden'schen Schenkung 1246 an das Kölner Domkapitel. Auch Kinkel schwärmt in seinem Bericht über die Ahr vom Sanct Peter: „Aber wie so ganz herrlich ist es in der Gartenlaube des Wirtshauses Zum Heiligen Petrus!".

Gegenüber von Sanct Peter steht die Ortskapelle St. Josef aus dem 17. Jahrhundert, die im 18. Jahrhundert umgebaut und zu Beginn des 20. Jahrhunderts erweitert wurde. Ihr Türmchen trägt eine kleine Barockhaube. Ebenfalls aus der Barockzeit stammen die zur Ausstattung der Kapelle gehörenden Figuren des Heiligen Sebastianus und des Heiligen Rochus.

Die Weinorte an der Ahr

Die Ahrtalstraße unterhalb der Bunten Kuh

Luftaufnahme von Walporzheim und seinen Weinbergen

> **Exkurs: Sanct Peter – ältestes Gasthaus im Ahrtal**
>
> Die Ursprünge dieses Gasthauses Sanct Peter liegen fast 800 Jahre zurück. Von 1246 bis 1805 war Sanct Peter Hof und Weingut des Kölner Domstifts – es war der Domhof, der den Namen des Schutzpatrons von Köln, St. Peter, bekam. Denn die Kölner Domherren wussten wohl den Wein von der Ahr, und ganz besonders den Wein aus ihrem Domhof Sanct Peter in Walporzheim zu schätzen!
>
> Nach der Franzosenzeit gelangte der Domhof in verschiedene Hände, bis er nach dem zweiten Weltkrieg von der Familie Brogsitter, die seit 400 Jahren im Ahrtal ansässig ist und sich seitdem mit dem Weinbau beschäftigt, übernommen wurde. Sie bauten das Weingut zu einem Spitzenbetrieb aus. Heute betreiben Hans-Joachim Brogsitter und sein Team in den traditionsreichen Mauern aus dem 13. Jahrhundert den Gasthof Sanct Peter als ein renommiertes Restaurant der Spitzenklasse mit einer umfangreichen Weinkarte. Dem Ambiente des Hauses merkt man die Liebe der Besitzer zum Detail und ihren Respekt vor der Geschichte geradezu an.

Die Weingärten von Walporzheim teilen sich in sechs Lagen auf. Außer der Lage „Himmelchen" sind alle steil, wie die „Domlay", die „Alte Lay" und der „Kräuterberg". Überwiegend steil ist der „Pfaffenberg". Ganz steil ist die „Gärkammer" als Spitzenlage Walporzheims, mit nur 0,68 Hektar Fläche die kleinste Lage an der Ahr, die ganz im Besitz des Weinguts Adeneuer ist. Von diesen Lagen stammen Rotweine mit ausgeprägtem Bukett. Die Lage „Walporzheimer Himmelchen" ist flach beziehungsweise leicht hängig, als Untergrund treten hier nicht Schieferverwitterungsböden, sondern überwiegend Gehängelehmböden auf. Diesen Böden stammen füllige, runde Rotweine mit feiner Frucht.

Zu den Qualitätsweingütern in Walporzheim zählen neben Brogsitter's eigener Domherren-Privat- Sekt- und Weinkellerei, die ihren Firmensitz nach Grafschaft-Gelsdorf verlegt hat, das Weingut „Im Kräuterberg" und vor allem auch die Win-

An der Bunten Kuh

zergenossenschaft, die zweitälteste an der Ahr und in Deutschland. Sie wurde im Jahr 1871 gegründet. Durch konsequentes Selektieren ihres Traubengutes konnten die Qualitäten der Genossenschaftsweine kontinuierlich gesteigert werden. Nicht zuletzt hierdurch hat die Genossenschaft im Bereich der Spät- und Frühburgunder-Rotweine einen hervorragenden Ruf weit über die Grenzen des Ahrtals hinaus erlangt.

Winzergenossenschaft Walporzheim

Walporzheim-Tipps

(Postleitzahl 53474, Tel.-Vorwahl 02641)

Information
- Tourist-Information: Markt 21, Ahrweiler, Tel.: 97 73 - 0, Fax: 97 73 - 73, E-Mail. Info@tour-i-center.de, Internet. www. wohlsein365.de

Gastronomie (Auswahl)
- Restaurant Weinkirche in Brogsitter's Gasthaus Sanct Peter: Walporzheimer Straße 134, Tel.: 9 77 50, Fax: 97 75 25, E-Mail: verkauf@brogsitter.de, Internet: www.sanct-peter.de, mit Kaminstube und Vinothek;
- Restaurant-Hotel Hohenzollern: Am Silberberg 50, Tel.: 97 30, Fax: 59 97, E-Mail: info@hotelhohenzollern.com, Internet: www. hohenzollern.com (Dz 100-135 €), in herrlicher Lage über dem Ahrtal, hervorragende Küche, bestechende Weinkarte;
- Weingarten Walporzheim. (siehe Winzer);
- Hotel-Restaurant Zum Sänger: Marienthaler Straße 50, Tel.: 3 66 60, Fax: 3 64 50 (Dz 57-67 €), am Ahrtaleingang;
- Altenwegshof: Im Teufenbach 100, Tel.: 3 89 20, E-Mail. info@altenwegshof.de, Internet: www. altenwegshof.de, wunderschöne Terrasse unter Lindenbäumen;
- Försters Weinterrassen: Im Teufenbach, Tel.: 20 79 15, Fax: 3 48 44, E-Mail: weingut@foersterhof.de, Internet: www. foersterhof.de, eigener Weinbaubetrieb

Winzer
- Brogsitters Weingut Domherrenhof: 53501 Grafschaft-Gelsdorf, Max-Planck-Straße 1, Tel.: (02225) 91 81 11, Fax: (02225) 91 81 12, E-Mail: verkauf@brogsitters.de, Internet: www. brogsitter.de;
- Weingut Im Kräuterberg: Walporzheimer Straße 134, Tel.: 3 44 14, Weinproben nach Vereinbarung;
- Winzergenossenschaft Walporzheim: Walporzheimer Straße 173, Tel.: 3 47 63, Fax: 3 14 10, E-Mail: ahrwein@winzergenossenschaft-walporzheim.de, Besichtigung des Holzfass-Weinkellers aus dem Jahre 1871 mit Weinproben, an Wochenenden und feiertags nach Vereinbarung, mit Restaurant „Weingarten Walporzheim" Tel.: 90 06 88, Fax: 18 18, Spezialität: deftige Winzerspezialitäten

Feste
- Ländliches Weinfest: Letztes August-Wochenende mit Umzug und Feuerwerk

Wanderwege
- Rundweg A9: (7,5 km) Wanderparkplatz Heckenbachbrücke, Heckenbachtal, Dernauer Platz, Alfred-Dahm-Hütte, auf den Serpentinen zur Ahr zurück;
- Rundweg A10: (4,5 km) Wanderparkplatz am Bahnhof, Hohenzollern, Altenwegshof, Felsenidyll und zurück

AHRWEILER

"Wir ziehen nun in das fröhliche Ahrweiler ein", beginnt Kinkel seinen Abschnitt über Ahrweiler in seinem Buch über die Ahr. In der Tat ist Ahrweiler bis heute die „Perle" des Ahrtals, einige der wenigen Städte in Deutschland mit gänzlich erhaltener Stadtbefestigung. Das Gebiet des heutigen Ahrweiler am Beginn des unteren Ahrtals war schon von Kelten besiedelt. Eine aus keltischer Zeit stammende Wall- und Fliehburg befand sich im Süden des Ahrweiler Stadtwaldes, heute noch "alte Mauer" genannt. Unter den Römern bildete der Rhein an die 500 Jahre lang die Grenze zu Germanien. Viele Funde in und um Ahrweiler erinnern an diese Zeit. So fand man vier römische Gutshäuser, so vor allem die Römervilla am Fuße des Silberberges, deren Reste seit 1993 als Museum hergerichtet sind, wie auch Reste von Wasserleitungen, Münzen sowie südlich von Ahrweiler eine römische Eisenschmelzersiedlung.

Als die Römer zu Beginn des 5. Jahrhunderts auch aus dem Ahrraum abzogen, kamen Franken nach, die sich hier ansiedelten – die Endung von Ahrweiler „-wilre" deutet auf eine Siedlung merowingischen Ursprungs hin. Die erste Erwähnung von Ahrweiler als Arwilre erfolgt im Güterverzeichnis der Abtei Prüm. Ihr Urbar von 893 weist in Ahrweiler einen Herrenhof mit Ackerland, Weinbergen, Wald und abhängigen Bauernhöfen auf. Die Abtei belehnte um 1100 die Grafen von Are, die hier auch schon begütert waren, mit den Vogtsrechten von Ahrweiler. Im Jahr 1204 wird erstmals die Pfarrkirche von Ahrweiler genannt. Im Streit um die deutsche Königskrone wurde das welfenfreundliche Ahrweiler 1242 von Truppen Gerhards von der Landskron, dem Vasallen der Staufer, gebrandschatzt. Unmittelbar nachdem auch Ahrweiler 1246 mit der Are-Hochstaden'schen Schenkung an Kurköln kam – und dort fast 550 Jahre bis zum Einmarsch der Franzosen 1794 verblieb – wurde die Stadt wieder aufgebaut, das Stadtrecht mit Mauer-, Markt-, Münz- und Mautrecht 1248 bestätigt.

Ab 1255 begann Ahrweiler mit dem Bau des Mauerrings. Die gotische Hallenkirche St.- Laurentius entstand zwischen 1269 und 1350. Zu dieser Zeit erfolgt auch die Nennung der innerstädtischen Viertel Oberhut, Adenbachhut, Ahrhut und Niederhut. Ab 1625, schon im Dreißigjährigen Krieg, wird mit dem Bau des Klosters auf dem Kalvarienberg begonnen. Schon wenige Jahre später geriet Ahrweiler zum Kampfgebiet in diesem grausamen Krieg – die Franzosen belagerten, eroberten, plünderten und brandschatzten die Stadt mehrmals. Doch nach dem Krieg konnte sich die Stadt schnell erholen, bis die Franzosen am 1. und 2. Mai 1689 die Stadt erneut niederbrannten. Noch einmal werden die Häuser der Stadt aufgebaut – heute genießen die Gebäude liebevolle Pflege und sind neben der Stadtbefestigung und der Pfarrkirche Aushängeschild von Ahrweilers Stadtgeschichte. Nach der Französischen Revolution wird das links-

rheinische Gebiet zum französischen Staatsgebiet erklärt, Ahrweiler von 1797 bis 1814 zur Kantonsstadt im Arrondissement Bonn. Nach der napoleonischen Ära kam Ahrweiler mit dem gesamten Rheinland an Preußen. 1816 wurde Ahrweiler zur Hauptstadt des Kreises Ahrweiler im Regierungsbezirk Koblenz erhoben – was Bad Neuenahr-Ahrweiler bis heute ist.

Für den Besucher zeigt sich Ahrweiler mit seinem Mauerring zunächst von der wehrhaften Seite. An der Stadtmauer mit ihren Toren, Türmen und Wehrgängen wurde zwei Jahrhunderte lang gebaut. Sie ist 1800 Meter lang, 1,20 Meter bis 1,50 Meter dick und 8 Meter hoch. Um die Stadtmauer mit ihren vier Toren zog sich ein 30 Meter breiter und 8 Meter tiefer Wassergraben, der stets mit Wasser gefüllt war. Das Ahrtor als südlicher Stadtausgang ist das größte, ein fünfgeschossiger Torturm mit zwei flankierenden dreigeschossigen Halbtürmen. Der Turm wurde nach seiner Bombenzerstörung 1945 neu errichtet. Das Niedertor als östlicher Torturm weist einen viergeschossigen Mittelturm mit geschiefertem Mansardendach und zwei Flankierungstürmen auf. Das nördliche Adenbachtor, nach der Schutzpatronin der Adenbachhut auch Marientor genannt, ist ein quadratischer, innen offener Wachturm mit spitzbogigem Tordurchgang und Blende aus Drachenfelser Trachyt und Fallgitterschutz. Das Obertor im Westen, auch Giesemer Porze (Tor) genannt, ist viergeschossig mit ausgekragtem Obergeschoss und spitzem Walmdach mit vier Ecktürmchen. Ergänzt wurde der Mauerring um weitere Wehrtürme, so den Kanonenturm, ein Halbturm an der südlichen Stadtmauer, oder etwa die beiden Halbtürme zwischen Ober- und Ahrtor.

Exkurs: Eisen für Rom

Im ausgedehnten Waldgebiet südlich von Ahrweiler wurden an mehreren Stellen Verhüttungsanlagen aus der Römerzeit gefunden. Hier treten Brauneisenlagerstätten dicht unter der Oberfläche auf, kenntlich an gelbem Gestein, durchzogen von rötlichen bis schwarzbraunen Verfärbungen. Das Erz, das hier verarbeitet wurde, konnte im Tagebau gewonnen werden. Das Metall wurde in so genannten Rennöfen ausgeschmolzen. Dazu fand man Hausfundamente und die zusammengestürzten Reste von Häusern, die aus Trockenmauerwerk errichtet worden waren – also stand hier eine ganze römische Siedlung. Verbunden waren die Häuser durch Wegerinnen. Auch Wasserleitungsreste wurden an mehreren Stellen gefunden.

_Der Eisenweg: (10 km) Der neue Wanderweg „Eisenweg" erschließt dem Besucher das römische Verhüttungsareal. Vom Wanderparkplatz an der Straße von Ahrweiler nach Ramersbach führt der Rundweg nach wenigen hundert Metern vorbei an römischen Bergbauspuren zu den Ausgrabungen der römischen Eisenschmelze und Siedlung. Über die "Alte Linie", einer alten Verbindungsstraße von Ahrweiler nach Ramersbach, gelangt man zum "Breiten Kopf", einem markanten Höhenrücken, in dessen Umgebung in römischer Zeit Eisenerze abgebaut wurden. An der "Alten Mauer", einem ehemaligen Basaltsteinbruch, wird die Entstehung der vulkanischen Gesteine näher erläutert. In der Ortslage Ramersbach führt dann der weitere Weg zum Gasthof "Halfenhof". Dort gibt es weitere Informationen zum Thema Eisenerzgewinnung in römischer Zeit. Der Rückweg führt zum Tiefbachtal, wo sich Reste eines römischen Gutshofes befinden.

Die Weinorte an der Ahr

An der Stadtmauer von Ahrweiler

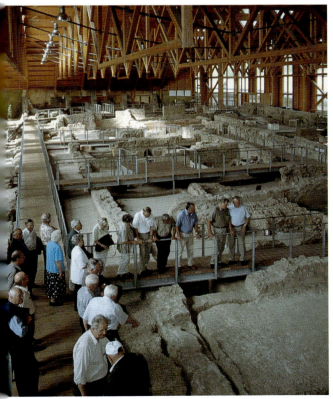

In der Römervilla von Ahrweiler

Römische Wurzeln des Vereinslebens in Ahrweiler

171

 Mittelpunkt Ahrweilers war und ist der Marktplatz. Als Fußgängerzone sind die Niederhutstraße zum Niedertor, die Ahrhutstraße zum Ahrtor und die Straße Auf dem Rausch ausgebaut, flankiert von schönen, mit Schnitzereien, Ornamenten und Skulpturen versehenen Fachwerk- und Bürgerhäusern. Am Marktplatz steht das ehemalige, spätbarocke Rathaus, heute Sitz der Touristen-Info. Das schönste Häuserensemble bietet die Niederhutstraße mit dem Kreuzberghaus, einem Fachwerkbau aus dem Jahr 1650, in dem der Entdecker und Erbohrer der Appollinaris-Heilquelle geboren wurde, das Busch-Haus und das Wolff'sche Haus mit seinen Schnitzereien am Erker. Im Palmhaus am Ende der Straße soll Beethoven erste Orgelstunden erhalten haben.

Sehenswert sind auch die Kloster- und Adelshöfe, die über die Altstadt Ahrweilers verteilt sind. Allen voran ist hier der Weiße Turm zu nennen, eines der alten Adelslehen der Abtei Prüm, der heute das Stadtmuseum beherbergt. Es handelt sich um das älteste Haus von Ahrweiler, ein dreigeschossiges gotisches Turmhaus vom Ende des 14. Jahrhunderts aus verputztem Bruchstein mit gotischem Spitzturm, den später eine italienische Barockhaube mit laternenartigem Aufsatz ersetzte, an der eine Wetterfahne mit Postkutsche befestigt ist. An diesem Standort befanden sich vorher schon ein römisches Landhaus und ein fränkischer Meierhof, später war es Herrensitz berühmter Adelsgeschlechter, darunter der Ritter von Staffel.

Der Prümer Hof an der Westseite des Marktplatzes wird heute Alte Post genannt, weil er bis zum zweiten Weltkrieg die Poststelle von Ahrweiler beherbergte. Im 15. Jahrhundert diente das Gebäude als Klosterhof und Kellerei der Abtei Prüm. Dem unteren Steingeschoss des mit einem Walmdach eingedeckten Gebäudes mit Giebelfront ist ein Fachwerkgeschoss aufgesetzt. Zur Lagerung des Zehnten stand die Zehntscheuer hinter der Kirche neben dem Rokoko-Pfarrhaus bereit – es handelt sich um ein Walmdachhaus, das im Keilstein der Toreinfassung die Jahreszahl 1742 trägt, und das heute als Pfarrsaal dient.

Der ehemalige Kolwenhof in der Adenbachhut zählt gleichfalls zu den alten Adelshöfen Ahrweilers. Er war der Sitz der Ritter von Colve, der auch als Burg Adenbach bezeichnet wird. Das Gebäude wird heute als Hotel und Restaurant genutzt. Gleichfalls als Hotel genutzt wird der Rodderhof in der Nähe des Obertors, ein Herrenhof, der auf das 13. Jahrhundert zurückgeht.

Interessant ist auch die Mühlengeschichte von Ahrweiler – zwölf Mühlen gab es in der mittelalterlichen Stadt, die alle im Besitz des Adels und der Klöster waren. Hier wurde nicht nur Getreide gemahlen, sondern auch Lohe für die sieben Gerbereien Ahrweilers. Und es gab Ölmühlen, die Raps und Bucheckern zu Speiseöl verarbeiteten, eine andere mahlte Tabak, eine weitere Knochen. Der alte Mühlengraben ist am Schlösschenturm noch oberirdisch zu sehen. Nicht unweit des Prümer Hofes bei dem so schön bemalten Haus in der Johannes-Müller-Straße findet man In der Rausch noch ein Wasserrad im Mühlengraben, der ab hier seit der Stadtsanierung unterirdisch verläuft.

Herausragendstes Gebäude von Ahrweiler ist die Pfarrkirche St. Laurentius am Markt. Bei der Einäscherung Ahrweilers

Die Weinorte an der Ahr

Kalvarienberg

Katholisches Pfarramt der Laurentiuskirche in Ahrweiler

durch die Staufer-Truppen im Jahre 1242 wurde auch die Pfarrkirche Ahrweilers niedergebrannt. Als die Kurkölner die Herrschaft in Ahrweiler übernahmen, begannen sie schon 1269 mit dem Neubau der Kirche, die als dreischiffige gotische Hallenkirche und mit achteckigem Turm großzügig angelegt wurde. Beim großen Ahrweiler Brand am 1./2. Mai 1689 wurden zwar das Dach, der Helm des Turms und vieles von der Inneneinrichtung zerstört, jedoch in den folgenden Jahrzehnten in früherer Form wieder hergestellt.  Der gesamte Bau ist weiß verputzt und mit gelben Linien und Kanten farblich abgesetzt. Diagonal angelegte Seitenchöre geben dem Osttrakt des Kirchenschiffs ein besonderes Gepräge. Die westlichen Pfeiler und Wandstützen sind stärker ausgelegt, um den Turm zu tragen. Das Langhaus ist in vier Joche unterteilt, nur das östliche Langhausjoch ist ohne Empore, wodurch dem Betrachter ein Querschiff vorgetäuscht wird. Im Westteil der Kirche sind großflächige Freskenreste aus dem 14. und 15. Jahrhundert erhalten. Von der Innenausstattung sind vor allem die Altäre aus dem 14., 17. und 18. Jahrhundert zu erwähnen. In der Taufkapelle steht ein spätgotischer Taufstein. Wertvollstes Stück des Kirchenschatzes ist die so genannte „Ahrweiler Monstranz". Dieses Meisterstück spätmittelalterlicher Feinschmiedekunst in der Form einer gotischen Turmmonstranz entstand um 1400.

Ahrweiler zählt zu den „großen" Weinbaubereichen der Ahr. Die Rebgärten sind in sechs Lagen unterteilt. Nördlich der Ahr sind dies „Silberberg", „Rosenthal", „Forstberg" und „Daubhaus", an den Hängen südlich der Ahr „Ursulinengarten" und „Riegelfeld". Und so wie sich die Ahrweiler Landschaft vom Engtal zum unteren Ahrtal weitet, verändern sich auch die Böden der Weinlagen von Grauwacke und Schiefer zu

> **Exkurs: Die Römervilla am Silberberg**
>
> Bei den Bauarbeiten zur Trassierung der Umgehungsstraße von Ahrweiler wurden im Jahre 1980 die Reste einer römischen Villa am Fuße des Silberberges aus dem 2./3. Jahrhundert n.Chr. gefunden. Die durch einen Erdrutsch versunkenen und dadurch in gutem Erhaltungszustand bewahrten Baureste der Landvilla sind ein prägnantes Beispiel des gehobenen römischen Lebensstils. Ihr Mauerwerk ist teilweise bis Fensterhöhe einschließlich farbigen Putzes erhalten, wodurch man sogar noch einen Raumeindruck von diesem einmaligen Gebäudekomplex gewinnt. Die großzügige, über 70 Meter lange Anlage mit über 40 Räumen weist Fußbodenheizungen (Hypokausten) in hervorragendem Zustand auf. Die Villa verfügte über einen kompletten Badetrakt. Von der Küche stehen noch der Herd, der Backofen und die Räucherkammer.
>
> Besonders reizvoll ist ein Graffitto im Putz des Treppenhauses im östlichen Gebäudeteil. Da heißt es: „Qui bene non didicit carrullus esse solet" (= Wer nicht gut gelernt hat, pflegt ein Schwätzer zu sein) – die Antwort steht direkt auf Latein darunter: „Die Peitsche des grausamen Grattius hat mich diese Schrift gelehrt" Sollte das vielleicht ein Dialog zwischen Lehrer und Schüler gewesen sein?
>
> Mit Unterbrechungen blieb die Römervilla wohl bis in die zweite Hälfte des 4. Jahrhunderts bewohnt. Danach deckte der Hangschutt des abrutschenden Silberbergs den Standort der Villa ein.
>
> **Museum Römervilla:**
> Am Silberberg 1, Tel.: 53 11, geöffnet April bis Mitte Nov. di-fr 10-18 Uhr, sa+so 10-17 Uhr, Eintritt 5 €

Die Weinorte an der Ahr

St. Laurentiuskirche in Ahrweiler

Gothisches Turmhaus, heute Stadtmuseum

Turm der St. Laurentiuskirche

Gewölbe und Wandfresken in der St. Laurentiuskirche

Löß und Lößlehm, im „Ursulinengarten" besteht auch basaltischer Untergrund. Am Fuße des „Silberberges" wurden 1980 die Reste der berühmten römischen Villa entdeckt. Im Rebsortenspiegel dominieren die Rotweine überproportional, angeführt vom Spätburgunder, gefolgt von Portugieser, Dornfelder und Frühburgunder, die umso körperreicher und fülliger ausfallen, je schwerer die Böden sind. Müller-Thurgau und Riesling sind jeweils nur mit einem Hektar Kulturfläche vertreten. Wie überall an der Ahr schlossen sich auch in Ahrweiler die Winzer zu einer Genossenschaft zusammen – so wurde 1874 der Ahrweiler Winzerverein gegründet, dem seit einigen Jahren das Ahr-

WeinForum mit der Kulturgeschichte des Weinbaus an der Ahr vom Mittelalter bis zur Gegenwart angeschlossen ist. Und mehr und mehr entwickelt sich der jährliche Weinmarkt an Pfingsten zu einer Leistungsschau der Ahr-Winzer.

Wenn man von Ahrweiler den Blick südwärts richtet, so fällt der Blick auf eine Hügelkuppe mit einem großen neugotischen Gebäudekomplex mit modernen Zubauten – der Kalvarienberg. Bis zum 15. Jahrhundert war diese im Volksmund Kop genannte Anhöhe die Richtstätte Ahrweilers. Dann glaubten Pilger, die aus dem Heiligen Land zurückgekehrt waren, dass diese Kuppe Ähnlichkeit mit der Kreuzigungsstätte Christi auf dem Berg Golgatha (calvaria) habe. Man verlegte daraufhin die Hinrichtungsstätte. Die auf der Kuppe errich- tete Kapelle wurde bald Ziel von Wallfahrern. Man verehrt hier bis auf den heutigen Tag das Kreuz einer Kreuzigungsgruppe aus dem 15. Jahrhundert. 1630 siedelten sich hier oben die ersten Franziskanermönche an. In der napoleonischen Zeit erwarb der Ahrweiler Vikar Jakob Giesen das Gelände mit dem inzwischen säkularisierten Kloster und baute dort eine erste Schule auf. Über Umwege kamen dann Ursulinen in den Besitz des Kalvarienberges, die dort eine „Höhere Töchterschule" gründeten, die von Kinkel noch als „weibliches Erziehungshaus" bezeichnet wurde und die Keimzelle des heutigen „Gymnasiums auf dem Calvarienberg" bildete. Darüber hinaus bestehen hier inzwischen auch eine Realschule und ein Kindergarten.

> **Der General-Anzeiger schreibt über das Ahrweinforum:**
>
> Das Museum besonderer Art informiert kompakt und anschaulich über die Geschichte der Weinkultur im gesamten Anbaugebiet. In den Vitrinen stehen uralte Weinheber, mit denen die Menschen in früheren Zeiten den Rebensaft aus tiefen Kannen hoben, wenn sie ihn nicht direkt aus ihnen tranken. Imposante Weinpokale, zierliche Weingläser und Rebmesser aus dem 15. bis 17. Jahrhundert sind ausgestellt. Die Schneiden an den Messern sind vom vielen Behauen der Hölzer zur Stabilisierung der Rebstöcke abgewetzt. Aber auch ausgetretene Lederschuhe, die den Winzern bei der Arbeit in den steilen Hängen Halt geben sollten, sind zu sehen. Die Ausstellungsstücke stammen zum Teil aus den Anfängen des Ahrweinbaus im 8. Jahrhundert. Sie erzählen vom Alltag und den Lebensverhältnissen der Winzer und von Zeiten, als Darstellungen von Weinschenk, Rebmann und Küfer gesammelt wurden wie heute Bilder von Pokémon und Star Wars.

Die Weinorte an der Ahr

Schnitzwerk an einem Fachwerkhaus in der Altstadt von Ahrweiler

Bahnhof von Bad Neuenahr-Ahrweiler

Der Amtsschimmel vor dem Kreishaus

Ahrweiler-Tipps

(Postleitzahl 53474, Tel.-Vorwahl 02641)

Information:
- Tourist-Information: Markt 21, Ahrweiler, Tel.: 97 73 – 0, Fax: 97 73 – 73, E-Mail. Info@tour-i-center.de, Internet. www. Wohlsein365.de
- Gymnasium auf dem Calvarienberg: Internet: www. ursulinen-calvarienberg.de

Hotels, Restaurants und Weinstuben
(Auswahl)
- Rodderhof: Oberhutstraße 48, Tel.: 39 90, Fax: 39 93 33, E-Mail: hotel@rodderhof.de, Internet: www. rodderhof.de (Dz 103-118 EUR)
- Gasthof Prümer Hof: Marktplatz 12, Tel.: 47 57, Fax: 90 12 18, E-Mail. pruemerhof@gourmetguide.com, Internet: www. pruemerhof.de; mit Ahrweinstuben;
- Hotel-Restaurant Burg Adenbach: Adenbachhutstraße 1, Tel.: 3 89 20, Fax: 3 17 14, E-Mail: info@burghotel-adenbach.de, Internet: www. burghotel-adenbach.de (Dz100 EUR), mit Weinstube in altem Adelshof in der Ahrweiler Altstadt
- Hotel Avenida: Schützenstraße 136, Tel.: 33 66, Fax: 3 60 68, E-Mail: hotelavenida@aol.com, Interenet. Hotel-avenida.de (Dz 50-80 EUR) komfortables Haus zwischen Ahrweiler und Neuenahr gelegen
- Hotel Am Weißen Turm: Altenbaustraße 3, Tel.: 90 80-0, Fax: 90 80 50 (Dz 65-105 EUR), neues Hotel direkt neben dem Weißen Turm
- Hotel Garni Zum Ännchen: Niederhutstraße 11-13, Tel.: 97 70-0, Fax: 97 707 99 (Dz 70 EUR), in der Fußgängerzone am Niedertor
- Restaurant Zum Ännchen: Niederhutstraße 10, Tel.: 40 82, Fax: 40 83, E-Mail. info@aennchen-ahrweiler.de, Internet: www. aennchen-ahrweiler.de
- Restaurant Eifelstube: Ahrhutstraße 26, Tel.: 3 48 50, Fax: 3 60 22, historisches Gasthaus
- Apbell's Wein- und Bierstuben, Niederhutstraße 27a),
- Marktbrunnen, Wein- und Bierstube, Marktplatz 4,
- Weinstube am Kautenturm, Walporzheimer Straße 19 (siehe Winzerverein)
- Restaurant und Weinstube Eckschänke, Plätzerstraße 58,
- Weinstube Niederhutklause, Niederhutstraße 22,
- Jugendgästehaus: Maria und Wolfgang Appel, St.-Piusstraße 7, Tel.: 3 49 24, Fax: 3 15 74, E-Mail: jh-bad-neuenahr-ahrweiler@djh-info.de

Winzer
- Weingut J.J. Adeneuer: Max-Planck-Straße 8, Tel.: 3 44 73, Fax: 3 73 79, E-Mail: jjadeneuer@t-online.de, Spitzenbetrieb in Ahrweiler, Kellereibesichtigung und Weinproben
- Weingut Burg Adenbach: Adenbachhutstraße 1, Tel.: 3 89 20, Fax: 3 17 14, Weinproben, mit Restaurant

- Weingut Coels: Ahrhutstr. 13, Tel.: 3 40 41, Fax: 90 25 89, Vinothek, Weinproben, mit Weinstube;
- Weingut Römergewölbe: Walporzheimer Straße 26a, Tel.: 43 45
- Weingut Herbert Koll, Eifelstraße 2, Tel.: 3 47 25
- Weingut Peter Kriechel: Walporzheimer Straße 83-85, Tel.: 3 61 93, Fax: 50 04, E-Mail: weingut.kriechel@t-online.de, mit Probierstube
- Weingut Maibachfarm: Im Maibachtal 100, Tel.: 3 66 79, Fax: 3 66 43, E-Mail: info@weingut-maibachfarm.de, Internet: www. weingut-maibachfarm, ökologischer Weinbau, Weinproben, Weingutbesichtigung
- Weingut Christoph Richter: Kanonenwall 18, Tel.: 3 15 06;
- Weingut Silberberg: Silberbergstraße, Tel.: 3 51 89, mit Straußwirtschaft, geöffnet Sept./Okt., Spezialität: hausgemachter Kochkäse
- Weingut Paul Schumacher: Walporzheimer Straße 26a), Tel.: 35 94, 25, Fax: 35 94 19, E-Mail: schumacherpaul@gmx.de, Internet: www. schumacherpaul.de, mit Straußwirtschaft, geöffnet Mai bis Okt.
- Weingut Sonnenschein: Walporzheimer Straße 90, Tel.: 3 12 95, Kellereibesichtigung und Weinproben
- Weingut Weilerhof: Bossardstraße 13, Tel.: 3 42 64:
- Ahrweiler-Winzer-Verein: Walporzheimer Straße 19, Tel.: 97 73 50, Fax: 97 73 77, E-Mail: info@ahrweiler-winzerverein.de, Internet: www. Ahrweiler-winzerverein.de, Spezialitäten: Ausbau von Rotweinen im Barrique-Faß, Kaltvergorene Weißweine und Weißherbste, Weißwein aus Rotweintrauben (blanc de noir), Herstellung von Hefe-, Trester- und Weinbrand in der eigenen Brennerei; Weinproben und Kellereiführungen im Gewölbekeller, mit Weinstube Am Kautenturm
- AhrWeinForum: (im Winzerverein) verbindet auf eindrucksvolle Weise wirtschaftliche und kulturhistorische Aspekte rund um den Weinbau des Ahrtals, zeigt auf dem historischen Gelände des Ahrweiler Winzervereins eine Ausstellung zur Kulturgeschichte des Weinbaus an der Ahr vom Mittelalter bis in die Gegenwart, geöffnet April bis Mitte Okt.

do-so 14.30-16.30 Uhr, Eintritt 2,80 EUR, 4,50 EUR inkl. fachkundiger Führung und 1 Glas Rotwein

Weinfeste
- Gebietsweinmarkt: Pfingsten, Marktplatz
- Großes Winzerfest: 1. Wochenende September
- Weinmarkt und Altstadtfest: 2. Wochenende September

Wanderwege
- Rundweg 12: (7,5 km) Ahrtor, Ahrtalweg, Bachem, Lourdeskapelle, Karlskopf, Bachem
- Rundweg 13: (18,5 km) Ahrtor, Bachem, Lourdeskapelle, Ramersbach, WP Waldwinkel, Alte Mauer, Römische Ausgrabungen, Bachem
- Rundweg 14: (12 km) Ahrtor, Kalvarienberg, Schnälzhardt, Pflanzgarten, Wetzchestal, Hungertal, Kalvarienberg
- Rundweg 15: (11 km) Ahrtor, Kalvarienberg, Antoniuskapelle, Im Wadental
- Rundweg 16: (13 km) Ahrtor, unterhalb Kalvarienberg, Maibachklamm, Katzley, Steintalskopf
- Rundweg 17: (16,5 km) Ahrtor, Ahrtalweg Walporzheim, Josefsbrücke, zur Katzley, Häuschen, Schwarzes Kreuz, Steintalskopf, Josefsbrücke
- Rundweg 18: (16 km) Ahrtor, Walporzheim, Heckenbachtal, Auf Nennert, Kreuz Dernauer Grenze, Dernauer Platz, Kreisstadtblick, Serpentinen abwärts
- Rundweg 19: (6 km) Adenbachtor, Fernsehumsetzer, Silberberg
- Rundweg 20: (11 km) Adenbachtor, Silberberg, Zentralhütte, Marienthal

Museen
- Museum der Stadt Ahrweiler: Altenbaustraße 5. Tel.: 3 15 16, Dokumentation der Geschichte Ahrweilers und von Bad Neuenahr, heimatkundliche Ausstellungen, geöffnet mi-so von 10-17 Uhr, Jan./Feb. geschlossen, Eintritt 1,50 EUR
- Schützenmuseum: Am Markt 1, Tel.: 50 28, Brauchtum der Schützenvereine, Führungen fr 15-17 Uhr, mind. 5 Personen, Eintritt 1,50 EUR pro Person

BACHEM

Das kleine Dorf Bachem, heute Ortsteil von Bad Neuenahr-Ahrweiler, schmiegt sich unterhalb der Weinberge rechts der Ahr zwischen Ahrweiler und Neuenahr auf einer kleinen Anhöhe am Ausgang des Bachemer Tals entlang. Längst hat sich der Ort, dessen Ursprünge sich bis in das 10. Jahrhundert zurückverfolgen lassen, talaufwärts ausgebreitet. Der Weinbau hat hier lange Tradition. Die Bachemer Rebgärten werden in die drei Lagen „Bachemer Steinkaul", den „Sonnenschein" und den „Karlskopf" unterteilt. Die Lagen sind eher hängig, auf jeden Fall weniger steil als im Engtal der Ahr. Es überwiegen mittlere bis schwere Löß- und Lehmböden, in der „Steinkaul" gibt es auch Grauwackeböden. In Bachem wird der größte Teil der Frühburgunderweine der Ahr erzeugt, deren Reben hier besonders gut auf der Lage „Karlskopf" gedeihen. In Bachem wurde im Jahr 1878 ein Winzerverein gegründet, der 1971 mit der heutigen Ahrwinzer e.G. fusionierte.

Der alte Ortskern von Bachem gruppiert sich um das um 1650 erbaute Backhaus, an dem später eine überdachte Freitreppe angebracht wurde. Im Backes ist heute ein kleines Weinmuseum untergebracht. Hinter dem Backhaus hat der Winzerverein einen schönen Gastgarten. Erwähnenswert sind Bachems drei Kapellen, die St.-Anna-

Bachem-Tipps

(Postleitzahl 53474, Tel.-Vorwahl 02641)

Information
• Tourist-Information: Markt 21, Ahrweiler, Tel.: 97 73 – 0, Fax: 97 73 – 73, E-Mail: Info@tour-i-center.de, Internet: www. Wohlsein365.de

Winzer
• Weingut Josef Koll: Eifelstraße 2, Tel./Fax: 3 47 25, E-Mail: weingut.j.koll@t-online.de, bezeichnet sich selbst als „Das Frühburgunder-Weingut", Kellerbesichtigung und Weinproben

Museum
• Weinmuseum: Im Backes, Königstraße 23, Exponate rund um den Wein, Tel: 4 31 65, E-Mail. webmaster@weindorf-bachem.de, Internet: weindorf-bachem.de, geöffnet Mai bis Okt. mi 15-17 Uhr und so 10-12 Uhr, Eintritt frei

Feste
• Backesfest: 3. Wochenende im Juni
• Künstlerisches Weinfest: 3. Septemberwochenende, mit Umzug

Wanderweg
• Rundweg 11: (8 km) Wanderparkplatz Lourdeskapelle, Buchenrondell, Findling, Anderthalhütte

Die Weinorte an der Ahr

kapelle aus dem 13. Jahrhundert, die St.-Leonhardis-Kapelle von 1761 und die versteckt im Bachemer Tal gelegene Lourdes-Kapelle, die 1949 erbaut wurde. Nach langen Grenzstreitigkeiten kam Bachem auf dem Wege des Landtausches mit Ahrweiler erst im 18. Jahrhundert in den Besitz der Annakapelle, deren ältester Teil aus dem 13. Jahrhundert stammt. Im Jahre 1716 wurde die Leonhardiskapelle, also auch in der Zeit der Grenzstreitigkeiten, am westlichen Dorfrand errichtet. Die dritte Kapelle, die Lourdes-Kapelle, führt ihren Ursprung auf das Versprechen eines Bachemer Bürgers zurück, der nach glücklicher Heimkehr aus dem zweiten Weltkrieg die Kapelle zu Ehren der Mutter Gottes von Lourdes errichten ließ.

Das Backhaus von Bachem

BAD NEUENAHR

Wie viele der Orte an der Ahr hatte auch Neuenahr seine „herrschaftliche" Geschichte. Doch diese währte nicht lange. Die Anfang des 13. Jahrhunderts von Graf Otto von Neuenahr auf dem Neuenahrer Berg errichtete Burg wurde schon 1372 von Ahrweiler Schützen im Auftrag des Kölner Erzbischofs erobert und zerstört. Kinkel berichtet vom Aufstieg auf den Neuenahrer Berg, dass er „wegen des dichten Gestrüpps, das den ganzen oberen Berg überwuchert, ziemlich mühsam ist. Der Neuenahr erhebt sich nicht so charakteristisch wie die Landskron hervor, sein Schloß ist fast bis zur Unkenntlichkeit zerstört, aber es hat wie jene seine Sage und Geschichte".

Neuenahr erlangte erst wieder an überregionaler Bedeutung, als der Winzer Georg Kreuzberg in seinem Weinberg im Neuenahrer Ortsteil Wadenheim die Apollinarisquelle erbohrte. Schnell wurde erkannt, welch enormes Entwicklungspotential diese Heilquelle bot, und man begann mit dem Bau von Kur- und Badeanlagen, die 1859 von der preußischen Prinzessin Augusta eingeweiht wurden. Damit waren alle Voraussetzungen gegeben, um aus den bestehenden Ortsteilen Wadenheim, Hemmessen und Beul ein prominentes Heilbad entstehen zu lassen, das sich ab 1927 Bad Neuenahr nennen durfte. Auf der Grundlage des 36° Celsius warmen, alkalischen, kochsalzarmen und stark kohlensäurehaltigen Mineralwassers werden heute in den Kureinrichtungen Trink- und Badekuren gegen Diabetes, Magen- und Darmleiden, Krankheiten der Leber und Gallenwege, sowie bei

Der «Tempel der Heilkunst» in Bad Neuenahr

Die Weinorte an der Ahr

Funktionsstörungen von Herz und Kreislauf durchgeführt – längst hat sich Bad Neuenahr zu einem Heilbad von internationalem Rang entwickelt. Dazu wurden die in der „Aktiengesellschaft Bad Neuenahr" zusammen gefassten Kureinrichtungen laufend modernisiert und nach Management-Methoden organisiert. Hingewiesen sei auch auf die Klima-Kur-Station auf dem Weg in Richtung Königsfeld auf 400 Metern Höhe. Hier bieten eine Liegehalle und Liegeplätze Entspannung im Höhenklima.

Der Neuenahrer Kurbetrieb erstreckt sich am rechten Ahrufer. Im Zentrum steht das Kurhaus, zwischen 1903 und 1905 als barocker Prachtbau errichtet – als Vorbild diente dem Kölner Architekten Oscar Schütz das Casino von Monte Carlo! Hauptbestandteil ist der von zwei Pavillontürmen flankierte Fest- und Theatersaal. Daneben verfügt das Kurhaus noch über kleinere Säle sowie ein Restaurant und Café. Der angrenzende Flügel des Baus beherbergt die Spielbank. Auch hier gibt es ein Restaurant, Bars und eine Diskothek. Gegenüber steht das Badehaus von Bad Neuenahr als „Tempel der Heilkunst", wie es die Architekten Emil Schreiterer und B. Below aus Köln sahen. Entsprechend pompös gestalteten sie auch den Eingang zum Badehaus mit vorgesetztem Giebelportikus, der von vier Säulen getragen wird. Gegenüber vom Kurhaus setzt sich die Bäderarchitektur mit dem Steigenberger Kursanatorium fort, dessen Westbau im Stil der Neorenaissance kurz vor dem Ersten Weltkrieg fertig gestellt wurde, geprägt von seinem großen Turm mit polygonalem, fünffach gestuftem Helm. Östlich der zentralen Kurgebäude findet man die Ahr-Thermen, unübersehbar durch ihre moderne Rundarchitektur. Jenseits der Landgrafenstraße breitet sich am rechten Ahrufer zunächst der Lenné-Park mit dem Freizeitbad „Twin" aus, flussabwärts schließt sich der Kaiser-Wilhelm-Park an. Der eigentliche Kurgarten liegt oberhalb der Kurgebäude, der Eingang gegenüber dem Eingang zum Badehaus. Nahe bei ist der Kurpavillon, in dem die Kurkonzerte stattfinden. Für diesen Park hatte Peter Josef Lenné (1789-1866) bereits 1857 die Konzeption erstellt, aber für seine Vorstellung einer terrassenförmigen Anlage nach dem Vorbild von Sanssouci fehlte schon damals das Geld. Lennés Neffe wurde später Direktor der Kur AG – nach ihm wurde der Park unterhalb der Kuranlagen benannt.

Der alte Neuenahrer Ortsteil Beul erstreckt sich am Hang oberhalb der Kuranla-

Die Weinorte an der Ahr

Im Kurviertel von Bad Neuenahr

Blick auf das Kurhaus

Der neobarocke Prachtbau des Kurhauses von Bad Neuenahr

gen. An der Mittelstraße steht das stattliche, so genannte Beethovenhaus, ein Bau aus dem Jahr 1786, angebaut an ein bereits seit 1715 vorhandenes Gebäude. Hier soll der junge Beethoven mehrfach seine „Sommervakanz" verbracht haben. Heute nutzt das Hotel Fürstenberg den Gebäudeteil mit als Hotel. Das ebenso stattliche Bauwerk nebenan wurde 1710 anstelle des von den Franzosen zerstörten Vorgängerbaus errichtet – es handelt sich um das ehemalige Rentmeisterhaus für das Amt Neuenahr. In preußischer Zeit diente es als Pfarrhaus, danach auch als Klarissinnenkloster, seit den 70-er Jahren des vorigen Jahrhunderts ist hier die Stadtbibliothek untergebracht. Weiter oberhalb steht die St.-Willibroduskirche, die dem Ortspatron geweihte ehemalige Pfarrkirche von Beul. An diesem Standort muss schon im Mittelalter eine Kirche gestanden haben, möglicherweise auch in einem Burgkomplex, von dem nichts erhalten ist. Der Kirchturm jedenfalls

Exkurs: Ausflug nach Lantershofen

Oberhalb der Weinberge zwischen Neuenahr und Ahrweiler liegt jenseits des Forstberges der zur Grafschaft gehörende Ort Lantershofen, dessen Häuser sich um die weitläufige Burganlage gruppieren. Die erste urkundliche Erwähnung von Lantershofen erfolgte im Jahr 1019 – mit dieser Urkunde schenkte Kaiser Heinrich II. den Adelsitz Lanterishoffe im Gau Aren in der Grafschaft des Grafen Ernfried, welcher ihm aus dem Nachlasse eines gewissen Giselin zugefallen war, mit Äckern, Wiesen, Waldungen, Weiden, Weingärten, Wasser, Wasserläufen und Hörigen an den Erzbischof von Bamberg. 1484 kam die Burganlage in den Besitz der Ahrweiler Adelsfamilie von Blankart – ein Wappen der Familie über dem Eingang zum Burghaus zeugt noch davon.

Die Burganlage wirkt besonderes beeindruckend, wenn man sie von der St.-Lambertkirche her betritt. Ein Torbogen gibt den Blick in den Innenbereich mit mehreren Flügeln, teilweise neueren Datums, einem Turm und dem Burghaus frei. Der mittelalterliche Turm überlebte ein Feuer ganz zu Beginn des 18. Jahrhunderts, die alten Bauten stammen aus dem Jahr 1708.

Im Jahr 1939 kam Burg Lantershofen in den Besitz der Kirche. Seit 1972 ist hier das „Studienhaus St. Lambert" eingerichtet, das spät Berufenen die Möglichkeit der Ausbildung zum Diakon oder zum Priester ermöglicht.

- Einkaufen: Eifel-Destillerie, Schmittstraße 3, 53501 Lantershofen, Tel.: (02641) 94 92-0, Fax: (02641) 94 92 50, Internet: www.eifel-destillerie.de, bietet klassische Kräuterbrände, Likör, gereifte Brände, Brennerei-Besichtigung und Probe, geöffnet mo-fr 8-12 und 14-17 Uhr, sa 10.30-12 Uhr

Die Weinorte an der Ahr

Das Steigenberger Kursanatorium

stammt noch aus dem 13. Jahrhundert, das Kirchenschiff wurde 1724 erstellt. Über dem Tabernakel des Hochaltars aus dem 18. Jahrhundert thront eine einen Meter hohe Figur des Heiligen Willibrordus, eine 200 Jahre ältere Arbeit.

Dort, wo früher der Ortsteil Wadenheim lag, findet man das heutige Ortszentrum von Bad Neuenahr. Die Poststraße und Teile von Seitenstraßen sind zur Fußgängerzone umfunktioniert worden. Am Ende der Poststraße zur Ahr hin, wo die Kurgartenstraße den Fluss überquert, steht die 1872 geweihte Martin-Luther-Kirche, ein Zentralbau mit angehängtem Chor und polygonalem Glockenturm. Biegt man links an der Kirche in die Telegrafenstraße ein, so sieht man schon die Rosenkranzkirche, heutige Ortspfarrkirche von Neuenahr. Der etwas spätere Bau stammt aus den Jahren 1899-1901. Mächtig ist der Kirchturm mit seinen vier kleinen Mitteltürmen – übrigens kehrte der Kirchenbaumeister August Menken die sonst übliche West-Ost-Ausrichtung der Kirche wegen ihrer Lage zur Straße um. Im Inneren fällt der Blick auf den hellen Altar und die großflächige Ausmalung des Chors und der Vierung.

Weiter westlich im alten Ortsteil Hemmessen sei noch auf die Antoniuskapelle hingewiesen. Der Ort wurde schon zu Beginn des 12. Jahrhunderts als Hemmingshoven erwähnt. Die neugotische Kapelle wurde 1869 anstelle eines Vorgängerbaus errichtet. Ihr Altar ist wesentlich älter.

Wenn auch Bad Neuenahr heute primär auf den Kurbetrieb ausgerichtet ist, so ist hier der Wein doch immer noch allgegenwärtig. Die Hänge am linken Ahrufer sind ganz mit Weinbergen bedeckt. Es reihen

An der Quelle des Apollinarius-Brunnens in Bad Neuenahr

sich hier die Lagen „Kirchtürmchen", „Schieferley" und „Sonnenberg" aneinander. Zwar hat die größte Winzergenossenschaft der Ahr, die Ahr-Winzer e.G., die aus der Fusion der Winzergenossenschaft Dernau 1971 unter anderem mit der Ahrtalkellerei Bad Neuenahr entstand, ihren Stammsitz in Bad Neuenahr, aber die wenigsten Mitglieder stammen aus dem Stadtgebiet. Neben der Genossenschaft sind zwei bedeutende Weingüter, Lingen und Sonnenberg, in Bad Neuenahr beheimatet. Die Böden werden durch Gehängelehm, Grauwacke, Löß und lehmigen Schiefer charakterisiert. Die Lage „Kirchtürmchen" wird durch den großzügig dimensionierten Autobahnzubringer durchschnitten und geht in das Ackerland der angrenzenden Grafschaft über. Die Lage „Schieferley" mit südlicher Hauptausrichtung wird durch Seitentäler mit west- und östlicher Ausrichtung eingrenzt. Die Lage „Sonnenberg" wird in ihrer südlichen Ausrichtung durch mehrere kleinere Seitentäler

Historische Apollinarius-Flaschen

aufgelockert. Bringt schon die Lage „Schieferley" ausdrucksstarke Weine hervor, so ist der „Sonnenberg", dem gehaltvolle und wuchtige Weine entstammen, doch die beste Lage Neuenahrs.

Neuenahr-Tipps

(Postleitzahl 53474, Tel.-Vorwahl 02641)

Information
- Tourist-Information: Markt 21, Ahrweiler, Tel.: 97 73 - 0, Fax: 97 73 - 73, E-Mail: Info@tour-i-center.de, Internet. www. Wohlsein365.de;
- Kurverwaltung: Kurgartenstraße 1, Tel.: 80 10, Fax: 80 11 19, E-Mail: info@kurverwaltung-bad-neuenahr.de, Internet. www. kurverwaltung-bad-neuenahr.de

Kurkliniken
- Klinik Hochstaden, Hochstraße 25;
- Steigenberger Kursanatorium: Kurgartenstraße 1;
- Klinik Landskron: Ravensberger Straße 3-5;
- Orthopädisch-rheumatologische Fachklinik Jülich: Jülichstraße 5; • Kurklinik Klement: Mittelstraße 84-88;
- Haus Weyer: Wolfgang-Müller-Straße 10;
- Kosmas-Klinik: Felix-Rütten-Straße 11

Gastronomie (Auswahl)
- Dorint Parkhotel: Am Dahliengarten, Tel.: 895-812, Fax: 895-834, E-Mail: sahrah.beckmann@dorint.com, Internet: www. dorint.com/bad-neuenahr (Dz 124-259 €), Spitzenhotel mit Spitzenrestaurant Wintergarten;
- Seta-Hotel: Landgrafenstraße 41, Tel.: 803-0, Fax: 803 399, E-Mail: info@setahotel.de, Internet: www. Setahotel.de (105-200 €), mit Restaurant Landgraf;
- Ringhotel Giffels Goldener Anker: Mittelstraße 14,

Tel.: 80 40, Fax: 80 44 00, E-Mail: hotel_goldener.anker@t-online.de, Internet: www. giffelsgoldeneranker.de (Dz 103-149 €), mit Spezialitätenrestaurant, Wintergarten, Hallenbad;
• Fürstenberg mit Beethovenhaus: Mittelstraße 4-6, Tel.: 9 40 70, Fax: 94 07 11, E-Mail: metzlers@hotel-fuerstenberg.de, Internet: www. hotel-fuerstenberg.de (Dz 86-102 €), mit Biergarten, mit Gästehaus „Beethovenhaus";
• Hotel Elisabeth: Georg-Kreuzberg-Straße, Tel.: 9 40 60, Fax: 94 06 99, E-Mail: hotel-elisabeth@t-online.de, Internet: www. hotelelisabeth.de (Dz 110-150 €), familiär geführt, Hallenbad, Weinstube;
• Hotel Garni Avenida: Schützenstraße 136, Tel.: 33 66, Fax: 3 60 68, E-Mail: hotelavenida@aol.com, Internet: www. hotel-avenida.de (Dz 80-115 €), Hallenbad, direkt an der Ahr;
• Hotel Garni Ännchen Arabella: Hauptstraße 45-47, Tel.: 75 00-0, Fax: 75 00 30, E-Mail: info@hotel-aennchen.de, Interenet: www. hotel-aennchen.de;
• Idille: Am Johannisberg 101, Tel.: 2 84 29, Fax: 2 50 09, E-Mail: idille@t-online.de, Internet: www. idille, mit idyllisch-wildem Garten;
• Weinstube Vinothek Britannia: Mittelstraße 16; Tel.: 80 44 48, Fax: 80 44 00
• Tanzlokale: Im Dorint Hotel; In der Steigenberger Hotel-Bar; Im Seta-Pub; Anker-Bar Im Goldener Anker; Casino-Restaurant und Roulette-Bar-Restaurant in der Spielbank; Dahlmeiers Cocktailbar: Casinostraße 7; Schwarzbrennerei: Poststraße 35

Winzer

• Weingut Sonnenberg: Heerstraße 98, Tel.: 67 13, Fax: 20 10 37, E-Mail: info@weingut-sonnenberg.de, Internet: www. weingut-sonnenberg.de, „von beachtlicher Güte" schreibt der WeinGuide Deutschland, Weinproben; • Weingut Peter Lingen: Teichstraße 3, Tel.: 2 95 45, Probierkeller;
• Ahr Winzer e.G.: Heerstraße 91-93, Tel.: 9 47 20, Fax: 94 72 94, E-Mail: info@ahrwinzer-eg.de, Internet: www. ahrwinzer.de, bietet „überzeugende trockene Rotweine" sagt der WeinGuide Deutschland

Museum

• Scalare: Hauptstraße 60, Tel.: 20, 32 88, E-Mail: scalare@web.de, Interent. www. scalare.de, Süßwasserfische, Meerwasserfische, Terrarien, Insekten, geöffnet sa+so 10-12 Uhr, do 19-21 Uhr

Weinfest

• Burgunderfest: 3. Wochenende im Juli

Wanderwege

• Rundweg 1: (13 km) Kurgartenbrücke, Willibrordusstraße, Idienbachtal, Klima-Kur-Station, Schwarzes Kreuz, Firstweg, Johannisberg,; • Rundweg 2: (6 km) Willibrorduskirche, Schweizerstraße, Nachtigallenweg, Johannisbergweg, Neuenahrer Berg, Kaiserweg, Burgweg, Glöcknersberg;
• Rundweg 3: (6 km) Kurgartenbrücke, Kurgartenstraße, Willibrordusstraße, Waldesruh, um den Neuenahrer Berg, Bischofsweg, Höperweg;
• Rundweg 4: (8,5 km) Wanderparkplatz Alte Königsfelder Straße, Königsfelder Straße, Kreuzrast, Steckenberg, Andertalhütte, Kreuzrast, Amseltalhütte, Hardtstraße;
• Rundweg 5: (6 km) Kurgartenbrücke, Georg-Kreuzberg-Straße, Kaiserin-Auguste-Victoria-Park, Amseltalbrücke, Peter-Joerres-Gymnasium, Altes Wasserwerk, Schutzhütte Karlsberg, Lourdeskapelle, Teinkauler Straße, Bachem, Königstraße, Talweg, Dahliengarten;
• Rundweg 6: (8 km) WP Alte Königsfelder Straße, Königsfelder Straße, Lennéweg, Steckenberg, Andertalhütte, Kreuzrast;
• Rundweg 7: (2 km) Klima-Station, Steckenberg, Schwarzes Kreuz;
• Rundweg 8: (5 km) WP südlich der Bloserhütte, Buchenrondell, Findling, Andertalhütte;
• Rundweg 9: (2 km) kleiner Rundweg von dem Wanderparkplatz südlich der Bloserhütte;
• Rundweg 10: (2 km) WP oberhalb Amseltalhütte, Fürstenbergerhöfe und zurück

Die Weinorte an der Ahr

Heppingen, Lohrsdorf, Heimersheim, Green und Ehlingen

Die Weinahr schließt mit den Orten Heppingen, Lohrsdorf, Heimersheim, Green und Ehlingen, die heute alle Teil der Stadt Bad Neuenahr-Ahrweiler sind, ab.

„Es geht gerade nach Heppingen hinunter", führt Kinkel in seiner Beschreibung der Ahr, von der Mündung kommend, aus, „nach der schon längst sichtbaren Kuppe der Landskron, wo mit einem Schlage das Prachtbild des unteren Ahrtals sich aufrollt". Bis heute prägt der Basaltkegel der Landskron, zu deren Füßen sich Heppingen erstreckt, das Erscheinungsbild der Landschaft im Übergang von der Weinahr zu ihrem Mündungsbereich – gekrönt von den Ruinen der gleichnamigen Burg, und an deren Westhang unterhalb der Kuppe die klei-

Schloß Metternich in Heppingen

ne, weiß verputzte und weithin sichtbare Jungfrauenkapelle steht. Der im Jahr 965 erstmals erwähnte Ort Heppingen kann auf eine uralte Weinbautradition zurückblicken. Der 1284 Heppinghoven genannte Ort gehörte je zur Hälfte zum Bannkreis Heimersheim und Wadenheim, heute Neuenahrer Ortsteil. Heppingen hatte zunächst nur eine Kapelle, die um 1650 erneuert wurde. Die heutige „St.-Mauritius-Pfarrkirche" wurde 1905 anstelle dieser inzwischen baufälligen Vorgängerkapelle errichtet. Sehenswert in Heppingen ist Schloss Metternich, eher ein Herrenhaus, das sich hinter einer Mauer in der Rechtskurve am Ortsausgang in Richtung Gimmingen verbirgt. Es ist ein schlichter Barockbau mit wenigen Zierelementen an der Fassade, so das Fenstergesims, die portalartig gestaltete Tür mit dem kleinen Giebel darüber und das Dachgesims. Der aus einer Wasserburg hervorgegangene Bau, von dessen einstigen Gräben noch einiges zu erahnen ist, ist im Privatbesitz der Grafen Metternich, dem reichsgräflichen Zweig dieser Familie. Darüber hinaus hat Heppingen mit Steinheuers Restaurant „Zur Alten Post" eines der Spitzenrestaurants des Ahrtals aufzuweisen. Nicht zuletzt ist der Heppinger Brunnen am Fuße der Landskron zu erwähnen – ein Sauerbrunnen, den schon der Wormser Arzt Tabernaemontanus im Jahre 1588 erwähnte.

Heimersheim ist eine fränkische Gründung, erstmals 933 im Prümer Urbar erwähnt. Der Ort erhält im 13. Jahrhundert eine Stadtmauer, deren Verlauf noch heute an der Ringstraße zu erkennen ist. Von der mittelalterlichen Bedeutung des Ortes zeugt das wieder aufgebaute Westtor. Im sehenswerten Zehnthof im Hinterhof der Bachstraße wurden in früheren Jahrhunder-

Blick über die Weinberge von Bad Neuenahr auf die Landskron

Die Weinorte an der Ahr

ten die Zinsen und Pachten meist in Wein bezahlt. Am freundlich gestalteten Ortsmittelpunkt steht die Pfarrkirche St. Mauritius, die als spätromanische dreischiffige Pfeilerbasilika mit Vierungsturm bis 1240 anstelle der Ende des 12. Jahrhunderts zerstörten Vorgängerkirche errichtet wurde. Leider erdrückt der nach dem Zweiten Weltkrieg vorgenommene Anbau den Gesamteindruck der Kirche, deren mittelalterlicher Teil reizvoll weiß verputzt und farbig abgesetzt wurde. Die Fenster im Chor zei-

Exkurs: Die Landskron

Wer einmal die Landskron bestiegen hat, erfasst sofort den strategischen Wert dieser Kuppe, von der tiefe Einblicke in das Rheintal und in das Ahrtal möglich sind. Hier errichtete Philipp von Schwaben sein Bollwerk gegen seinen Widersacher, den Kölner Erzbischof, denn Gerhard von Sinzig hatte ihm die Treue gehalten und gab Philipp Rückendeckung. Die Burganlage auf der Landskron war großartig – selbst die Reste lassen noch erahnen, wie mächtig dieses Bollwerk einst war. Über das Niedertor gelangt man zum Mittleren Tor mit den Resten eines Wehrturms. Geht man durch das Obertor, befindet man sich zunächst in der Niederburg. Hier stand auch einst der Palas. Die Bebauung hier datiert aus dem 14. und 15. Jahrhundert. Die Oberburg besteht heute nur noch als Plattform.

Vor dem Abriss der Burg Landskron im Jahr 1682 nach einem vorausgegangenen Brand war diese schon in schlechtem Zustand. Bevor die Burg als Garnison des Herzogs von Jülich diente, war der Besitz unter den drei Söhnen Gerhards von Landskron aufgeteilt worden. Übrigens nutzten die Erben die zwei Kapellen der Burg gemeinsam. Eine befand sich in der Niederburg, die andere, die Marienkapelle, steht heute noch als einziger Teil der Burg unterhalb der Ruine und leuchtet mit ihrem weißen Putz weit in die Ahrlandschaft.

Die das untere Ahrtal beherschende Autobahnbrücke bei Heppingen

Die Weinorte an der Ahr

gen wertvolle Reste spätromanischer Glasmalereien. Wertvoll ist auch die Innenausstattung mit dem Kreuztragungsaltar, einer 1599 von Johannes von Metternich und seiner Frau Catharina von der Leyen vorgenommenen Stiftung, der Grabplatte von Hermann Quadt-Landskron, dem ersten Mann der Catharina von der Leyen, und einer aus Holz geschnitzten Pietà aus dem späten 15. Jahrhundert.

Der Neuenahrer Ortsteil Green zwischen Heimersheim und Ehlingen an der Ahr weist eine lange Mühlentradition auf. Im Mittelalter hatten hier die Klöster Kornelimünster, Maria-Überwasser und Liesborn Besitz. Auf dem Privatgelände der ehemaligen Burgmühle, früher im Besitz der Herren der Landskron, sind einige alte Mühlenzubehörteile ausgestellt, so vor allem Mühlsteine und Laufwerke. Neben dem heutigen Mühleneingang steht eine Steinsäule, die die Jahreszahl 1478 trägt – so alt muss die Mühle also mindestens sein.

Ehlingen, etwas oberhalb des rechten Ahrufers gelegen, wurde erstmals im Jahre 853 erwähnt, als der Priester Herigar dem St. Cassius-Stift in Bonn Besitz in dem damals Adalinghovo genannten Ort schenkte. Belegt ist darüber hinaus, dass die Abtei Deutz schon im Jahre 1162 eine Mühle und im 13. und 14. Jahrhundert die Abtei Steinfeld Weinberge besaß. Nahe der kleinen Ortskapelle steht das Backhaus ("Backes"), mit dem bis heute in Ehlingen die Tradition des Hubertus-Brotbackens fortgesetzt wird.

Lohrsdorf ist der letzte Weinort am linken Ahrufer. Der Ort schmiegt sich an die östliche Hänge der Landskron an. Das Lohrsdorfer Tal aufwärts führt zum Köhlerhof mit dem großen Golfplatz (siehe Abschnitt „Freizeit"). Die kleine Ortskapelle aus dem 17. Jahrhundert ist den Heiligen Petrus und Marcellinus geweiht. Im hohen Sandsteinkreuz neben der Kirche sind die Figuren der beiden Kirchenpatrone eingemeißelt.

Die untersten Weinberge an der Ahr teilen sich in die Lagen „Heppinger Berg" und die Heimersheimer Lagen „Burggarten", „Landskron" und „Kapellenberg" auf. Am hängigen „Heppinger Berg" hat das Weingut Sebastian aus Rech seine Flächen. Die Heimersheimer Lagen sind überwiegend

Altar in der Pfarrkirche St. Mauritius von Heimersheim

Historisches Mühlwerk in Green

steil und sind genauso durch Grauwacke- und Grauwackeschieferböden, Hanglöß und Hanglehm gekennzeichnet. Erst 1898, spät im Vergleich zu den anderen Weinorten, haben sich die Winzer von Heppingen im Heppinger Winzerverein organisiert. 1986 kaufte die Familie Schäfer die Gebäude des Winzervereins und gründete das Weingut Burggarten – ein Betrieb, der laut Wein-Guide Deutschland „auf Qualitätskurs" ist.

Die Winzer in Heimersheim folgten bereits 1873 dem Mayschoßer Vorbild mit der Gründung des Weinbauvereins Heimersheim. Sie schlossen sich 1971 mit Bachem, Bad Neuenahr und Dernau zu den Vereinigten Ahrwinzergenossenschaften zusammen. In Heimersheim kann das Weingut Nelles auf die längste Weinbautradition zurück blicken – die Familie ist hier seit 1479 nachgewiesen.

Tipps

(Postleitzahl 53474, Tel.-Vorwahl 02641)

Information
- Tourist-Information: Markt 21, Ahrweiler, Tel.: 97 73 - 0, Fax: 97 73 - 73, E-Mail: Info@tour-i-center.de, Internet: www. Wohlsein365.de

Gastronomie (Auswahl)
- Steinheuers Landhaus Zur Alten Post: Heppingen, Landskronr Straße 110, Tel.: 9 48 60, Fax: 94 86 10, E-Mail: steinheuers.restaurant@t-online.de, Internet: steinheuers-restaurant.de, Hotel und Spitzenrestaurant „Steinheuers L'Art de Vivre-Restaurant" (Dz 130-140 €, Suite 125-280 €);
- Hotel Haus am Berg: Heppingen, Bonner Straße 12, Tel.: 95 06 00, Fax: 95 06 0 (Dz 76-108 €);
- Hummel's Hotel Zum Stern: Heimersheim, Johannisstraße 15, Tel.: 94 65 65, Fax: 94 65 56 (Dz 65 €), mit Restaurant;
- Gästehaus Weiler: Lohrsdorf, Köhlerhofweg 9, E-Mail: weilerfrank@freenet.de, Interenet: www. Fewo-weiler.de (Dz 27-40 €);

Winzer
- Weingut Burggarten: Heppingen, Landskronr Straße 61, Tel: 92 12 80, Fax: 7 92 20, E-Mail: burggarten@t-online.de, Internet: www. weingut-burggarten.de; mit Straußwirtschaft, geöffnet Ostermontag bis Pfingsten und Sept. bis Ende Okt.;
- Weingut Berthold Linden: Heimersheim, Ringstraße 11, Tel./Fax: 2 69 40, im Sommer Gutsaussschank im Winzerhäuschen auf dem Ehlinger Berg;
- Weingut Nelles: Heimersheim, Göppinger Straße 13, Tel.: 2 43 49, Fax: 14 63, besonders für seine Spätburgunder Rotweine bekannt, mit Restaurant Freudenreich, Spezialitäten: regionale Winzergerichte, Internet: www. restaurant-freudenreich.de;
- Weinhaus Franz Schäfer: Ehlingen, Bodendorfer Straße 11, Tel.: 2 47 42, Fax: 94 66 20, Weingut mit Weinstube, Kellerbesichtigung und Weinprobe, Appartements im Landhausstil
- Weingut Hirschfeld, Schulstraße 7, Tel.: 7982

Feste
- Weinfest Heimersheim: Am 3. August-Wochenende

Wanderwege:
- Rundweg A2: (8 km) Lohrsdorf, Steinkreuz, Gimmingen, Landskronrhof, Köhlerhof;
- Rundweg A3: (5,5 km) Wanderparkplatz Ehlingen, Winzerhäuschen, Schmicklerhütte, Heimersheim, Green;
- Rundweg A4: (6,5 km) Heimersheim Rüstringsstraße, Pflugkopf und zurück

Im Mündungsbereich der Ahr

BAD BODENDORF

Wenn man die Bundesstraße über Lohrsdorf hinaus nach Bad Bodendorf weiterfährt, erkennt man an den südwärts ausgerichteten Talhängen mit Streuobstwiesen noch die Mauern ehemaliger Weinberge, doch Weinbau wird hier schon lange nicht mehr betrieben. Längst haben sich auf diesen so genannten Lohrsdorfer Wiesen Orchideen angesiedelt. Die Fläche steht unter Naturschutz, Hinweistafeln informieren die Besucher.

Kinkel schreibt zu Bodendorf in seinem Bericht über die Ahr: „Dann folgt, in Obstgärten versteckt, an die weinreichen Berge gelehnt, das freundliche Bodendorf, eine der ansehnlichsten Ortschaften der Ahr mit vielen stattlichen Häusern, sonst zu der Reichsherrschaft Landskron gehörig. Sein Wein war schon im Mittelalter geachtet, daher auswärtige Klöster und Adelsfamilien hier zahlreiche Weingüter erwarben, und wird jetzt zum Teil zu moussierendem Champagner angewendet, der dem französischen vollkommen gleich sein soll." In der Tat war Bad Bodendorf einst ein wichtiger Weinort an der Unterahr. Heute erinnert nur noch der historische Weinberg am Bahnhof, den der Heimat- und Bürgerverein errichtet hat, an den Weinbau. Dafür hat der Ort mit seiner Heilquelle neue Bedeutung als Kurort gefunden. Die Kuranlagen einschließlich des nostalgisch-romantischen Thermalfreibades erstrecken sich rechts der hier in natürlichem Lauf fließenden Ahr.

Links der Ahr breitet sich der alte Ortskern von Bodendorf aus. Die geschichtliche Keimzelle des Ortes lag vermutlich um den Kirchenhügel, der wohl Standort einer römischen Villa war, ebenso wie Kern der fränkischen und mittelalterlichen Besiedlungen. Erwähnt wird Bodendorf erstmals, wie so viele andere Orte an der Ahr, im Prümer Urbar von 893. Heute ist der Ortskern durch seine vielen, bestens restaurierten Fachwerkhäuser entlang der Haupt-

Der General-Anzeiger schreibt über das kleinste Weinfest an der Ahr:

Vatertag steigt in Bad Bodendorf einmal mehr das kleinste Weinfest an der Ahr. Die Umsetzung einer Idee, nicht nur für Wanderfreunde, sondern für das ganze Ahrtal, jährt sich schon über dreißig Mal. Es ist die Eröffnung des Rotweinwanderweges, vollzogen am 3. Juni 1972. Und in dem kleinen Kur- und Badeort hat dies Spuren hinterlassen. In Form des historischen Weinberges und des kleinsten Weinfestes an der Ahr. In Erinnerung an den einst blühenden Weinbau haben die Bodendorfer 1994 auf ihrem Bahnhofsvorplatz, dem Startpunkt zum Rotweinwanderweg, aus Dorfmitteln einen „Historischen Weinberg" errichtet und diesen am Himmelfahrtstag mit einem kleinen Weinfest eingeweiht.

Im Mündungsbereich der Ahr

Knabenkraut in voller Blüte

straße gekennzeichnet. Besonders erwähnenswert sind der Alte St.-Thomas-Hof seitlich der Hauptstraße sowie die so genannte Untere Pforte am Ortseingang quasi gegenüber der Burg.

Die Bodendorfer Burg liegt ein wenig versteckt hinter dem Bahnhof. Ein malerischer Innenhof kennzeichnet den heutigen Burgkomplex aus Herrenhaus, seitlichem Wohntrakt und Wirtschaftsgebäuden. Der Ursprung der Baulichkeiten liegt in einer Wasserburg, die hier im 13. Jahrhundert am Rand der Aachen-Frankfurter-Heerstraße, dem alten Kaiser- und Königsweg des Deutschen Reichs, errichtet wurde. Seit die Herren von Bodendorf die Burg errichtet hatten, wechselten die Besitzer mehrfach durch Verpfändung, Familienstreitigkeiten und schlichten Verkauf. Heute ist sie in Privatbesitz.

Bodendorf-Tipps

(Postleitzahl 53489, Tel.-Vorwahl 02642)

Information
- Tourist-Service Sinzig-Bad Bodendorf: Am Kurgarten, Tel.: 98 05 00, Fax: 9805 01, E-Mail: info@badbodendorf.de, Internet: www. badbodendorf.de

Gastronomie (Auswahl)
- EuroRing-Hotel Spitznagel: Hauptstraße 162, Tel.: 4 00 00, Fax: 4 00 0 40, E-Mail: eurowing.hotel.spitznagel@aol.com, Internet: euroring.com (Dz 82-102 e), ruhige Südhanglage;
- Haus am Weiher: Bäderstraße 46, Tel.: 99 06 60, Fax: 99 06 6 50, E-Mail: info@haus-am-weiher.com, Internet: www. haus-am-weiher.com (Dz 67-72 e), Hotel, Restaurant, Café, in ruhiger Lage gegenüber dem Thermalbad; Wild-, Fisch- und Steakspezialitäten;
- Gasthaus Cholin: Bahnhofstraße 1, Tel.: 4 11 04, Fax: 4 97 66, Restaurant mit gutbürgerlicher Küche;
- Winzer-Gaststätte: Hauptstraße 117, Tel.: 4 33 64, Fax: 99 23 15, gutbürgerliche Küche, historischer Gewölbekeller, Biergarten;
- Ahrtal-Café: Hauptstraße 92-96, Tel.: 4 26 08, Fax: 4 64 58, gemütliches Café im historischen Ortskern
- Wohnwagen-Stellplatz „Reisemobilhafen": Am Kurpark vor dem Sportplatzgelände, Information: Tourist-Service

Thermalbad
- Thermal-Bad Bodendorf: Am Kurgarten, Tel.: 50 87, geöffnet Karfreitag bis Okt. täglich 7-19 Uhr, 26° Celsius warm, im Sommer bis 20 Uhr, Biergarten im Sommer auch abends geöffnet

Wanderwege
- Rotweinwanderweg: Ausgangspunkt am historischen Weinberg am Bahnhof
- Rundweg 1: (3 km) Parkplatz Ehrenfriedhof, Bäderstraße, Ahrbrücke, Kurgarten, Quellensteg, Schwanenteich;
- Rundweg 2: (9 km) Kurhaus, Waldlehrpfad, Hellenberg, Feltenturm, Ännchen, Mühlenberg, Winzerhäuschen, Ehlinger Ley;
- Rundweg 3: (9 bzw 10 km) Kirche, Knaustal, Heimersheimer Pfad, Forsthaus Erlenbusch, Golfplatz, Lohrsdorfer Kopf, 3 Rückwandermöglichkeiten nach Bodendorf;
- Rundweg 4 „Panoramaweg": (7,5 km) Kurhaus, Winzerhäuschen, Schmicklerhütte, südlicher Waldrand, Hellenberg;
- Rundweg 5: (6 km) Kirche, Reisberg, Lützelbachhof, Heimersheimer Pfad, Knaustal;
- Rundweg 6: (6 km) Bahnhof, Reisberg und zurück;
- Rundweg 7: (9 bzw. 10 km) Schützenhaus, Waldkapelle, Golfplatz, Landskronr Hof, Landskron, Lohrsdorf, Ahrwiesen, Kurviertel, Bahnhof

Im Mündungsbereich der Ahr

Blühende Orchideen auf den Lohrsdorfer Wiesen

Blick über das untere Ahrtal bei Bad Bodendorf

SINZIG

Der Siedlungsplatz von Sinzig hat keltische und römische Ursprünge – Santiacum war der antike Name. Später stand hier ein fränkischer Königshof. Erstmals erwähnt wird Sinzig in einer Schenkungsurkunde Pippins, dem Vater Karls des Großen, die er hier in der Pfalz am 10. Juli 762 ausstellte. Später wurde aus diesem Königshof eine Kaiserpfalz, die vor allem Barbarossa immer wieder aufsuchte. Sinzig war im mittelalterlichen Deutschen Reich von allergrößter strategischer Bedeutung, denn hier verlief die Aachen-Frankfurter Heerstraße, die wichtigste Verkehrsverbindung im Reich. Bei Sinzig wechselten die Reisenden vom Rheinschiff auf den Landweg, der von Sinzig aufwärts über Bo-

> **Der General-Anzeiger schreibt über die Stadtmauer von Sinzig:**
>
> Trotz vieler historischer Quellen ist die Geschichte der einstigen Sinziger Wehrmauer nicht vollständig erhellt. So erhielten am 3. Dezember 1297 die Sinziger Bürger von Adolf von Nassau die Erlaubnis, Steuern auf den Weinausschank und den Verkauf landwirtschaftlicher Produkte zu erheben. Damit sollte der Bau der Stadtmauer finanziert werden. Am 30. März 1305 bestätigte Adolfs Nachfolger Albrecht I. noch einmal die Steuer und den weiteren Ausbau der Stadtbefestigung. Doch wohl schon um das Jahr 1300 wurde an der Stadtbefestigung gebaut. Die Gründung der Sankt-Sebastianus-Schützengesellschaft im Jahr 1301 legt dies nahe. Die Sankt-Josef-Gesellschaft – in Sinzig „Jusepps-Jonge" genannt – wurden als kirchliche Variante im Jahr 1300 gegründet. Wann und wie der Bau fertig gestellt wurde, liegt indes im Dunkeln.

Kirchplatz in Sinzig mit der Pfarrkirche St. Peter und dem klassizistischen Rathaus

Im Mündungsbereich der Ahr

Der «Heilige Vogt», die Mumie in der St. Peterkirche

dendorf, an der Tomburg vorbei weiter unmittelbar nach Aachen führte. Am 9. Oktober 1267 erhielt Sinzig die Stadtrechte. Unter Kaiser Karl IV. kam Sinzig an das Herzogtum Kleve-Jülich. Zweimal wurde die mittelalterliche Stadt, die etwa seit dem Jahr 1300 von einer mächtigen Stadtmauer umgeben war, durch Brände in den Jahren 1583 und 1758 fast vollkommen zerstört. Von der Stadtmauer existieren heute nur noch kleine Reste.

Hoch über dem Rhein- und Ahrtal erhebt sich die Sinziger Pfarrkirche St. Peter, eine spätromanische Emporenbasilika mit Vierungsturm von großer baugeschichtlicher Bedeutung, die 1220-40 fertig gestellt wurde. Bei der Renovierung hat man dem Bau seine alte Farbgebung wieder gegeben. Seither kontrastiert sein weißer Putz leuchtend zu den ockergelb abgesetzten Kanten, Lisenen und Gesimsen. Chorpartie und Apsis weisen besonders deutlich auf die Architekturtradition der niederrheinisch-kölnischen Romanik hin. Damit war St. Peter gleichzeitig Vorbild für die nachfolgenden Kirchen in Limburg, Münstermaifeld und Boppard. Der Innenraum der Kirche wirkt besonders harmonisch, denn die Emporen sind im Querschiff und im Chor als Umgang weiter geführt. Besonders wertvoll an der Innenausstattung sind der Hochaltar mit dem Triptychon aus dem Jahre 1480 und – neben vielen anderen Skulpturen, Bildern und Fresken – die die thronende Muttergottes mit Kind, eine rheinische Schnitzarbeit aus der ersten Hälfte des 14. Jahrhunderts. Bemerkenswert sind auch die Glocken, die zu den ältesten im Bistum Trier zählen. Doch außergewöhnlich ist die Mumie, die in der rechten Chorkapelle in einem gläsernen Sarg ausgestellt ist – im Volksmund als der „Heilige Vogt" bezeich-

Exkurs: Naturschutzgebiet Ahrmündung

Das Naturschutzgebiet der Ahrmündung umfasst den letzten Stromkilometer des Flusses zwischen dem nördlich auf einem flachen Schwemmkegel gelegenen Kripp und dem südlich gelegenen Sinzig. Es handelt sich um die einzige noch im natürlichen Zustand belassene Flussmündung im Mittelrheingebiet – typisch dafür ist, dass die Ahr in ihrem Mündungsbereich noch das Flussbett je nach Wasserführung ändern kann. Es ist sogar davon auszugehen, dass sich die Ahr für ihr Mündungsbett einen kaum 100 Meter weiter südlichen Austritt frei spülen wird. Dann müsste auch die hölzerne Fußgängerbrücke über die Mündung entsprechend verlagert werden.

Die Flora an der Ahrmündung ist vielfältig. Im Uferbereich sind es Schmalblattweiden-Gebüsche. Knöterich- und Gänsefußgewächse wie beispielsweise auch Rainfarn-Beifuß-Hochstauden und Natternkopf-Steinkleehochstauden findet man auf den Schottern. Hier fühlen sich Insekten wohl, und hier findet manch andernorts selten gewordene Vogelart ihren Lebensraum, so Grasmücken, die Nachtigall, der Girlitz, der Teichrohrsänger und der auffallend gelb gefärbte Pirol.

Im Mündungsbereich der Ahr

Das Sinziger Schloss

Die Brücke über die Ahrmündung

net. Diese Mumie wurde 1736 erstmals bekannt, es soll sich um einen Sinziger Amtmann gehandelt haben, der auf diese Weise bis in die Jetztzeit überlebt hat.

Am Kirchplatz steht auch das klassizistische Rathaus der Stadt, 1834-37 als Stadt- und Schulhaus erbaut. Unterhalb der Kirche findet man den alten Zehnthof mit seinem sehenswerten Innenhof und dem „Rittersaal". Die Geschichte des Zehnthofs reicht bis in das Jahr 855 zurück. Das Vordergebäude ist barock, das dahinter liegende schlossartige Gebäude stammt aus dem Jahr 1875. Reizvoll ist die Straße zum Markt, gesäumt von alten Häusern verschiedener Bauepochen. Vom Markt zweigt die Schlossstraße ab, über die man direkt zum Sinziger Schloss gelangt, in dem heute das Heimatmuseum untergebracht ist. Auf dem Weg zum Schloss steht das überlebensgroße Barbarossadenkmal. Das heutige Sinziger Schloss ließ der Kölner Kaufmann Gustav Bunge als typischen neugotischen Bau der Rheinromantik am Standort der alten Sinziger Burg für sich als Sommerresidenz errichten. Die Gartenanlagen gestaltete man im Stil eines romantischen Parks. Dabei blieben der Schlossgraben und Reste der alten Mauern erhalten.

In den Sinziger Altstadtgassen stehen noch einige alte Adelshöfe, so zum Beispiel der Wolfskehler Hof in der Eulengasse und die Martelsburg, die nur in Teilen erhalten ist. Von der alten Stadtmauer gibt es noch Reste an der Harbachstraße und die Wiekhausruine an der Rheinstraße.

Sinzig-Tipps

(Postleitzahl 53489, Tel.-Vorwahl 02642)

Information
- Tourist-Service Sinzig-Bad Bodendorf: Bad Bodendorf, Am Kurgarten, Tel.: 98 05 00, Fax: 9805 01, E-Mail: tourist-info-sinzig@t-online.de, Internet: www. sinzig.de

Gastronomie
- Aux Vieux Sinzig: Kölner Straße 6, Tel.: 4 27 57, Fax: 4 30 51, E-Mail: info@vieux-sinzig.de, Internet: www. vieux-sinzig.de, Spitzenrestaurant bekannt für seine frische Natur- und Kräuterküche, ausgewählte Weinkarte, Inhaber und Chefkoch Jean Marie Dumaine bietet Kochseminare;
- Gasthof Alt Sinzig: Kölner Straße 5, Tel.. 99 25 50, täglich wechselnde Menüs;
- Restaurant Santiacum: Mühlenbachstraße 35, Tel.: 90 16 43, Fax: 990 16 73

Museen
- Heimatmuseum der Stadt Sinzig: Barbarossastraße 35, Tel.: 34 06, Modell der mittelalterlichen Stadt, Exponate zur Stadtgeschichte, geöffnet so 10-12 Uhr und nach Vereinbarung;
- Museum für Holzhandwerke: Welfenstraße 5, Tel.: 4 25 01, Fax: 73 66, Werkzeuge, Bilder, Dokumente, Schriften, Öffnungszeiten nach Vereinbarung

Galerie
- Galerie Angelika Kallenbach: Im Zehnthaus, Tel.: 71 80, geöffnet di+do16-18.30 Uhr, so 14-17 Uhr

Wanderwege
- 21 Rundwanderwege: Z.B. zum Mühlenberg südwestlich von Sinzig mit Feltenturm (Blick über den Rhein), daneben Cäcilia-Hütte (im Sommer an Wochenenden bewirtschaftet; zum Waldlokal „Ännchen" am Südhang des Mühlenberges (geöffnet Ostern bis Herbst, Tel.: 4 24 19, E-Mail. termin@zum aennchen.de, Internet: www. zum-aennchen.de)

Im Mündungsbereich der Ahr

Der Fischreiher, ein häufiger Gast im Mündungsbereich der Ahr

Luftaufnakme vom Naturschutzgebiet Ahrmündung

FOTONACHWEIS

Seite	Position	Autor	Bild
Titel		Britt Söntgerath	Weinberge Dernau
7		Wolfgang Siedschlag	rote Trauben
8/9		Otto Schreiber	Schneeweg
10/11		Uwe Müller	Rotwein-Wanderweg
12/13		Heinrich Pützler	Ginster bei Rech
14		Heinrich Pützler	Hochwasser
15		Linde Kussmann	Wasserfall
16		Dr. Ferdinand Rüther	Ahrmündung in den Rhein
16/17		Uwe Müller	Höhenlage Schuld
18	oben links	Otto Schreiber	Schafherde
19		Otto Schreiber	Schafherde mit Hüter
20	oben links	Heinrich Pützler	Schwalbenschwanz
21		Heinrich Pützler	Eisvogel am Ahrufer
22	oben links	Heinrich Pützler	Langfigtal
23		Jörg Schulze	Winter auf den Höhen
24	oben links	Hannelore Rott	Kormoran
25		Karlheinz Daniels	Langfigtal
26	oben links	Wolfgang Siedschlag	Teufelsloch
27		Otto Schreiber	Herbst
28	oben links	Peter Kuhn	Weinlese bei Mayschoß
29		Otto Schreiber	Weinberge Bunte Kuh
31	oben	Heinrich Pützler	Fuchs bei Rech
31	unten	Heinrich Pützler	Mauereidechse
32/33		Hans Otzen	Marienthal
34		Hans Otzen	Wandfresken
35		Elisabeth Schneider	Römergruppe
37		Axel Klier	Burg Blankenheim
39		Heinz Joachim	Burg Kreuzberg
41		Otto Schreiber	Landskron
42		Hans Heinrich Abels	Pützfeld
46		Britt Söntgerath	Weinberge Dernau
49		Margret Schulte	Weinstock im Herbst
50/51		Hans Otzen	Helle Trauben
52/53		Otto Schreiber	Am Rotweinwanderweg

Fotonachweis

Seite	Position	Autor	Bild
54/55		Wolfgang Siedschlag	Weinberg
56/57		Jörg Schulze	Schnee auf Weinberg
58		Wolfgang Kündgen	Straußwirtschaft
59		Wolfgang Siedschlag	weiße Trauben
61		Wilhelm Rosenstein	alter Weinstock
62		Wolfgang Siedschlag	Weingut
63	oben	Liane Langer	Weinfest
63	unten links	Hans Otzen	Weinkrug auf Fass
63	unten rechts	Wilhelm Rosenstein	Weinlese in Steillage
65	oben	Christian Griesche	Weinhang
65	unten	Dr. Ferdinand Rüther	Weinrebe fruchtend
66		Weintrauben	Deutsches Wein-Institut
67		Silvia Klier	Weinstock
68		Weintrauben	Deutsches Wein-Institut
69	oben links	Weintrauben	Deutsches Wein-Institut
69	Mitte	Weintrauben	Deutsches Wein-Institut
69	unten	Weintrauben	Deutsches Wein-Institut
70	oben	Otto Schreiber	Erntezeit
70	unten	Weintrauben	Deutsches Wein-Institut
71		Weintrauben	Deutsches Wein-Institut
72/73		Otto Schreiber	Rotweinwanderweg
75	oben links	Gabriele Koch	Kajak-Fahrer
75	oben rechts	Anneliese Rüther	Biker-Treff Brück
75	Mitte links	Margret Schulte	Bergwandern
75	Mitte rechts	André Schwickert	Altenahr
75	unten links	Otto Schreiber	Reiter zwischen Weinbergen
75	unten rechts	Karlheinz Janowski	Camper am See
77		Otto Schreiber	Rotweinwanderweg
79		Anneliese Rüther	Radsport im Ahrtal
83		Irmgard Bogenstahl	Adenbachbrücke
84	oben	Wolfgang Siedschlag	Kunst am Wanderweg
84	unten	HPM Mayer, Ahrthermen, Bad Neuenahr	Wassergymnastik
85		Michaela Recht-Müller	Wanderer vor Kalvarienberg
86/87		Jochen Borchert	Aremberg

211

Seite	Position	Autor	Bild
89		Emil Klier	Blankenheim
90		Olaf Abels	Schrifttafel
91	oben links	Wolfgang Siedschlag	Ahrquelle
91	oben rechts	Axel Klier	Wasserleitungs-Tunnel
91	unten	Wolfgang Siedschlag	Blankenheim
95		Christian Griesche	Freilinger See
97		Christian Griesche	Pfarrkirche Lommersdorf
99		Hans Otzen	Pfarrkirche Ripsdorf
100		Hans Otzen	Heiligenfigur
104		Hans Otzen	Katharina-Kapelle
107		Christian Griesche	Barockaltar
108		Hans Otzen	Wegekreuz
109		Jochen Borchert	Aremberg
111	oben	Jochen Borchert	Weitsicht
111	unten	Karlheinz Janowski	Mühle in Schuld
112	oben	Wolfgang Siedschlag	Mühle in Schuld
112	unten	Heinz Joachim	Schuld
113		Wolfgang Siedschlag	Freilichtbühne
115		Hans Otzen	Hahnensteiner Mühle
116		Silvia Klier	Dümpelfeld
117		Margot Griesche	Adenau
118		Otto Schreiber	Altes Sandsteinkreuz
119		Sibylle Matz	Hönningen
120		Heinz Joachim	Wensburg
121		Margot Griesche	Kapelle Ahrbrück
122/123		Peter Kuhn	Saffenburg im Nebel
125		Otto Schreiber	Marien-Wallfahrtskapelle
126		Curd Söntgerath	Kreuzberg
127	oben	Otto Schreiber	Blick auf Kreuzberg
127	unten	Christian Griesche	Burghaus
128	oben	Otto Schreiber	Burg Kreuzberg
128	unten	Wolfgang Siedschlag	Haus Vischel
129		Hans Heinrich Abels	Nepumuk
130		Resi Höver-Klier	Teufelsloch

Fotonachweis

Seite	Position	Autor	Bild
131		Wolfgang Siedschlag	Burg Are
132		Hans Otzen	Pfarrkirche Altenahr
133	oben	Otto Schreiber	Ruine Burg Are
133	unten	Otto Schreiber	Blick Altenahr
134		Dr. Karlheinz Daniels	Altenahr
135		Wolfgang Siedschlag	Altenahr
136		Wolfgang Siedschlag	Altenahr
137		Heinz Joachim	bei Reimerzhoven
138		Dr. Ferdinand Rüther	Devonisches Gestein
140		Hans Otzen	Hochwasserglocke
141	oben	Dr. Karlheinz Daniels	Blick auf Mayschoß
141	unten	Dr. Ferdinand Rüther	Blick vom Mönchsberg
143	oben links	Heinz Joachim	Gasthof "Zur Saffenburg"
143	oben rechts	Wolfgang Siedschlag	Lochmühle
143	unten	Leo Schumacher	Mauer-Reparatur
144		Stefan Griesche	Pfarrhaus Mayschoß
146/147		Margret Schulte	Brücke bei Rech
150/151		Hans Gassen	Dernau von oben
152/153		Wolfgang Siedschlag	bei Dernau
154		Dr. Karlheinz Daniels	jüdischer Friedhof
155	oben	Wolfgang Siedschlag	Dernau, "Hofgarten"
155	unten	Otto Schreiber	Straße Esch-Dernau
158/159		Otto Schreiber	Weinberge Marienthal
160		Margot Griesche	Klosterruine
161	oben	Hans Otzen	Marienthal
161	unten	Wolfgang Siedschlag	Marienthal
163		Christian Griesche	Rokokopavillon
164		Hans Otzen	"Sanct Peter"
165	oben	Emil Klier	Ahrttalstraße
165	unten	Heinrich Pützler	Luftaufnahme
166		Wolfgang Siedschlag	Bunte Kuh mit Nase
167		Heinz Joachim	Winzergenossenschaft
168		Wolfgang Siedschlag	Ahrweiler
169		Wolfgang Siedschlag	Außenwerbung

Seite	Position	Autor	Bild
170		Heinz Joachim	Giebel
171	oben	Heinz Joachim	Stadtmauer
171	links	Christian Griesche	Römervilla
171	Mitte	Elisabeth Schneider	Römervilla
171	unten	Elisabeth Schneider	Römergruppe
172		Sylvia Werner	Außenwerbung
173	oben	Sibylle Matz	Kloster Kalvarienberg
173	unten	Christian Griesche	Pfarramt Ahrweiler
174		Josef Langer	Madonna in Ahrweiler
175	oben links	Hans Otzen	St. Laurentiuskirche
175	oben rechts	Stefan Griesche	Museum
175	unten links	Wolfgang Siedschlag	St. Laurentiuskirche
175	Mitte	Christian Griesche	Gewölbe
175	unten rechts	Hans Otzen	Wandfresken
176		Resi Höver-Klier	Obertor Ahrweiler
177	oben links	Heinz Joachim	Altstadt Ahrweiler
177	oben rechts	Wolfgang Siedschlag	der Amtsschimmel
177	Mitte	Margret Schulte	Bahnhof Ahrweiler
177	unten	Uwe Müller	Arbeit im Weinberg
178		Marion Schupp	Blick ins Tal
180		Weintrauben	Deutsches Wein-Institut
181		Wolfgang Siedschlag	altes Backhaus
182/183		Wolfgang Siedschlag	Thermal-Bad
184		Gerda Abels	Kurhaus
185	oben	Wolfgang Siedschlag	im Kurpark
185	unten	Wolfgang Siedschlag	Kurhaus
186		Margot Griesche	Kurhaus
187		Heinz Joachim	Steigenberger Hotel
188		Axel Klier	Apollinaris-Brunnen
189		Christian Griesche	Apollinaris-Flaschen
191		Hans Otzen	Schloss Metternich
192/193		Otto Schreiber	Landskron
194/195		Wolfgang Siedschlag	Landskron
196	oben	Hans Otzen	Altar

Fotonachweis

Seite	Position	Autor	Bild
196	unten	Hans Otzen	Historisches Mühlwerk
198/199		Dr. Ferdinand Rüther	Ahrmündung in den Rhein
200		Wolfgang Siedschlag	Bad Bodendorf
201		Margot Griesche	Helmknabenkraut
203	oben links	Christoph Griesche	Bocksriemenzunge
203	oben rechts	Margot Griesche	Bocksriemenzunge
203	unten	Christian Griesche	Lohrsdorf
204/205		Hans Otzen	Sinziger Kirchplatz
206		Hans Otzen	Der "Heilige Vogt"
207	oben	Margot Griesche	Museum Sinzig
207	unten	Axel Klier	Ahrmündung
209	oben	Heinrich Pützler	Graureiher
209	unten	Heinrich Pützler	Ahrmündung